NOUVEAU MANUEL

DES

VICES RÉDHIBITOIRES.

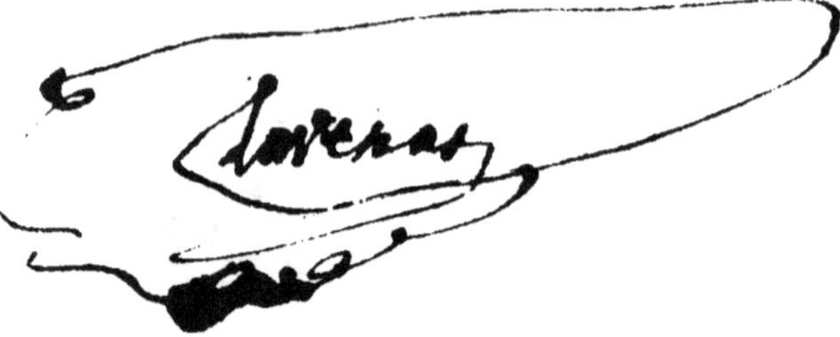

IMPRIMERIE DE FÉLIX MALTESTE ET Cie,
Rue des Deux-Portes-Saint-Sauveur, 18.

NOUVEAU MANUEL

DES

VICES RÉDHIBITOIRES

DES

ANIMAUX DOMESTIQUES,

AVEC LEUR DÉNOMINATION ET LES DÉLAIS DE GARANTIE

DANS LESQUELS L'ACTION DOIT ÊTRE INTENTÉE EN FRANCE ;

CONTENANT :

1º LA LOI du 20 mai 1838, concernant les vices-rédhibitoires des animaux domestiques ;

2º UN TABLEAU mis en rapport avec la loi, contenant la dénomination des animaux domestiques, la nature des vices rédhibitoires et les délais dans lesquels l'action doit être intentée;

3º LES ARTICLES DU CODE CIVIL relatifs à la vente et à la garantie des vices rédhibitoires, avec des annotations d'arrêts de jurisprudence et observations sur la garantie ;

4º LES ARRÊTS DE JURISPRUDENCE des tribunaux, Cours royales et de la Cour de cassation sur cette matière et sur la compétence;

5º LES DÉCRETS, lois, arrêtés, ordonnances et instructions ministérielles sur les maladies épidémiques et épizootiques des animaux domestiques, et les DISPOSITIONS PÉNALES d'après les lois en vigueur et du nouveau Code pénal;

6º INSTRUCTIONS pour apprendre à connaître l'âge et les poils des chevaux, et modèles d'actes pour les actions rédhibitoires.

PAR LAVENAS,

Auteur du Manuel pratique des Huissiers et du Nouveau Code des poids et mesures, etc.

ÉDITION REVUE, CORRIGÉE ET AUGMENTÉE.

PARIS,

CHEZ
1º VIDECOQ, LIBRAIRE ;
2º MANSUT, LIBRAIRE ;
3º LENAIN ET MARTHELON, PLACE ET RUE SAINT-ANDRÉ-DES-ARCS, N. 33;
4º DELAMOTTE, LIBRAIRE, PLACE DAUPHINE.

1838.

AVERTISSEMENT.

L'auteur a pensé que le meilleur avertissement qu'il pût placer en tête de cet ouvrage, était l'annonce faite au *Moniteur Universel*, n° 227, du 15 août 1837, dont est extrait ce qui suit :

Depuis la publication de la nouvelle loi sur les vices rédhibitoires des animaux domestiques devenue nécessaire et indispensable, les vices ou maladies dont les animaux sont atteints ne se déclarant qu'au bout de certain temps, il y avait urgence de rendre cette nouvelle loi ; ces genres de vices méritant beaucoup d'attention, puisqu'ils intéressent une branche très-importante du commerce, les personnes les plus expérimentées sont souvent trompées dans les ventes et achats d'animaux domestiques.

L'auteur du nouveau Manuel des vices rédhibitoires a cru devoir ajouter cette nouvelle loi à la deuxième édition qu'il a revue, corrigée et augmentée ; le plan de ce nouveau manuel est simple, clair et précis, comme la loi qui en est la base.

On a ajouté **un nouveau tableau** mis en rapport avec la loi contenant la dénomination des animaux domestiques, la nature des vices rédhibitoires et les délais dans lesquels l'action doit être intentée.

Le nouveau manuel de cet ouvrage que publie l'auteur sera d'une utilité convenable aux maires, adjoints, commissaires de police, huissiers ; aux personnes qui font des ventes et achats d'animaux domestiques, marchands forains, fermiers, propriétaires, voituriers, aubergistes, maîtres de postes, entrepreneurs de messageries et de roulages, etc. Ils seront bien aises de trouver assemblées la **loi** sur les vices rédhibitoires, les lois sur les justices de paix **et des** tribunaux civils de première instance, et, **enfin,** celles sur les maladies épidémiques et épizootiques, afin d'éviter les difficultés suscitées par la mauvaise foi et les moyens de les prévenir, ou lorsqu'il s'élève des contestations ou contraventions aux lois en vigueur qui se trouvent dans ce recueil complet.

Ces manuels ou recueils complets des lois sur chaque matière sont recherchés par le public qui en a reconnu l'utilité ; on espère que celui-ci n'aura pas un accueil moins favorable.

Transcription littérale de la circulaire.

Moniteur Universel, mardi 15 août 1837.

Ministère des travaux publics de l'agriculture et du commerce. — *Circulaire* n. 25.

Monsieur le Préfet.

La nécessité d'apporter des modifications à l'état actuel de la législation concernant les vices rédhibitoires se fait sentir depuis long-temps. Le Code civil n'indique, en effet, ni quels sont les défauts cachés qui, dans le commerce des animaux domestiques, peuvent donner ouverture à une demande en garantie de la part de l'acheteur contre le vendeur, ni dans quel délai l'action qui en résulte doit être intentée ; il s'en réfère à l'usage du lieu où la vente a été faite.

Cette disposition vague et incomplète est l'origine de nombreuses contestations judiciaires. Les caractères, souvent incertains, des vices allégués, qui sont réputés rédhibitoires dans certaines localités, et qui, dans d'autres, ne sont pas considérés comme tels; la durée variable des délais de garantie, la diversité des usages locaux qui régissent les contrats de vente ou d'échange; les doutes qui s'élèvent sans cesse sur le maintien, l'étendue ou l'abolition de ces usages, font naître autant de questions litigieuses qui auraient été prévenues par une législation uniforme; il en résulte aussi qu'une trop grande latitude est laissée aux tribunaux pour l'appréciation de ces diverses circonstances, et que souvent l'arbitraire est substitué dans leurs décisions aux principes fixes et invariables qui devraient toujours leur servir de règle.

Pour obvier à cet état de choses, dont les inconvéniens sont signalés par d'unanimes réclamations, il a paru nécessaire au gouvernement de préparer un projet de loi sur une matière qui intéresse à un si haut degré le commerce et l'agriculture. Il s'est proposé d'établir dans ce projet des dispositions uniformes, applicables aux ventes et aux échanges; d'énumérer les vices cachés, contre lesquels l'acheteur doit être garanti par le vendeur; de fixer les délais dans lesquels il peut exercer cette action, en proportionnant toutefois leur durée à la nature des vices et à l'espèce des animaux qui en sont affectés.

Vous remarquerez, Monsieur, que parmi les défauts indiqués par le projet comme pouvant atteindre le cheval, l'âne, le mulet ou le bœuf, ne

figurent ni le tic, ni la mauvaise denture, ni la rétivité, ni la méchanceté, ni la boiterie intermittente ou vieille claudication; en effet, le tic n'empêche pas l'animal de rendre d'utiles services.

La mauvaise denture est visible, soit à l'inspection de la mâchoire, soit à la maigreur du
corps.

La rétivité et la méchanceté peuvent être reconnues dans les essais auxquels l'acheteur doit
soumettre l'animal avant de conclure le marché.

La boiterie intermittente ou vieille claudication
donne lieu à des questions insolubles, parce
qu'il est souvent impossible de constater l'origine de ce défaut et d'en attribuer la cause au
vendeur plutôt qu'à l'acheteur.

Il existe encore d'autres vices qui n'ont pas été
compris dans l'énumération contenue au projet,
parce qu'il a semblé convenable d'en restreindre le nombre aux seuls cas où l'on soit généralement d'accord sur l'impossibilité de la part
de l'acheteur de reconnaître les défauts de l'animal vendu.

Si, en effet, la législation qui régit ces sortes
de contrats doit protéger la bonne foi contre la
surprise et la fraude, elle doit tendre aussi à ta-
rir autant que possible la source des procès.

Avant de proposer ce projet de loi à la discussion des chambres, j'ai résolu d'appeler sur ses
dispositions l'examen des conseils généraux. J'ai,

1.

en conséquence, l'honneur de vous le transmettre, en vous invitant à le communiquer aux conseils d'arrondissement et au conseil genéral de
votre département.

J'attends, avec votre avis, le résultat de leurs
observations.

Recevez, Monsieur le Préfet, l'assurance de
ma considération la plus distinguée.

Le Ministre des Travaux Publics, de
l'Agriculture et du Commerce,
N. MARTIN (DU NORD).

NOUVEAU MANUEL

DES

VICES RÉDHIBITOIRES.

PREMIÈRE PARTIE.

—

PRELIMINAIRE.

On entend par cas rédhibitoires certaines maladies ou certains vices auxquels les animaux domestiques sont sujets. Depuis longtemps on a provoqué les légitimes réclamations des conseils généraux, des chambres du commerce et d'une multitude d'intéressés, ce qui a nécessité les législateurs à établir une nouvelle loi, dans le commerce des animaux domestiques, des cas rédhibitoires. Ce genre de commerce exige des connaissances que ne possède presque aucun de ceux qui le font; qu'il est des maladies graves et même contagieuses dont l'existence, connue du vendeur, ne peut en aucune manière frapper les regards de l'acquéreur; enfin, la possibilité prétendue de suspendre, pendant un temps plus ou moins long, les symptômes et les effets de certaines maladies très-dangereuses. Quoique les nombreuses maladies qui attaquent les animaux domestiques aient à peu près les mêmes caractères partout, on trouvait cependant une grande différence dans les diverses coutumes anciennes, en ce qui concerne les affections rédhibitoires ; cette différence s'observe, et à l'égard des cas qui peuvent faire annuler les ventes de chaque espèce d'animal et dans la durée du temps accordé pour la garantie. Les causes spéciales de rédhibition sont celles qui s'appliquent aux chevaux, l'âne et le mulet, et à l'espèce bovine et à l'espèce ovine. La rédhibition est une action intentée par l'acheteur d'une chose défectueuse pour faire casser la vente, lorsqu'il y a du dol et de la mauvaise foi de la part du vendeur, et que la chose vendue se trouve atteinte de quelque vice rédhibitoire que le vendeur a caché.

L'acheteur, en concluant à la nullité de la vente, et à ce que le vendeur soit tenu de reprendre la chose qu'il a vendue, demande en même temps la restitution du prix qu'il a payé.

On appelle vices rédhibitoires ceux qui sont tels qu'ils rendent la vente nulle et l'action que l'acheteur intente contre le vendeur pour parvenir à la rédhibition.

La garantie, en ce qui concerne la vente ou échange, il faut distinguer la garantie de droit, la garantie conventionnelle et la garantie d'usage.

La garantie de droit ne s'exprime point, elle a lieu constamment, et quelles que puissent être les circonstances de la vente ; toute personne qui vend un cheval est nécessairement astreinte à répondre que l'animal lui appartient; c'est une loi immuable et de rigueur à laquelle il ne peut se soustraire, parce qu'on ne peut, sous aucun prétexte et sans blesser les bonnes mœurs, transmettre une propriété que l'on n'a pas.

La garantie conventionnelle s'étend à tous les engagemens pris par le vendeur, il en est indispensablement tenu.

Enfin, la garantie d'usage est relative aux vices déclarés par les maximes usitées et reçues être de nature à annuler la vente.

Le vendeur n'est point tenu des vices et défauts apparens que l'acheteur a pu remarquer, parce que c'était à celui-ci à y prendre garde et à le bien visiter.

Au nombre de ces traités, dont le besoin est journellement senti, rien ne s'opposant plus à ce que chacun profite, dans tout le royaume, de l'uniformité de la nouvelle loi sur les vices rédhibitoires, nous pensons utilement de donner copie littérale dans la première partie de cet ouvrage, afin de faire connaître la dénomination des animaux domestiques, les cas de rédhibition et les délais à observer pour la durée de garantie.

L'action rédhibitoire est celle qui est attribuée à l'acheteur pour faire annuler la vente, en forçant le vendeur à reprendre la chose et à restituer le prix qu'il a reçu.

Il y a pareillement lieu à intenter action en fait de vente de marchandises vendues par un marchand ou un artisan, lorsque les marchandises ne se trouvent pas de la qualité requise par les statuts et réglemens de leur communauté, et, dans ce cas, l'action doit être intentée aussitôt que l'acheteur a eu connaissance du vice de la chose vendue; néanmoins, il n'y a point de temps fixe pour cela. Elle a lieu pour autres marchandises de mauvaise qualité.

L'action peut même avoir lieu dans la vente d'un fonds, lorsqu'il s'y trouve quelque vice qui était inconnu à l'acheteur et qui en rend l'usage inutile comme s'il existe de ce fonds des vapeurs contagieuses ;

Si la chose vendue ne se trouve pas de la qualité portée par le contrat, et qu'il y ait vice caché rendant la chose impropre à l'usage auquel on la destine.

Relativement aux autres vices ou défauts qui ne sont pas réputés rédhibitoires par la loi du 20 mai 1838, qui se trouvent indiqués et désignés dans les dictionnaires de chirurgie vétérinaire et autres ouvrages (voir au titre de la vente et garantie, pag. 129).

Au lieu de l'action rédhibitoire, l'acheteur peut user d'une autre action appelée *action quanti minoris;* celle-ci n'étant pas à résoudre la vente, mais seulement à obliger le vendeur de faire raison à l'acquéreur de ce qu'il a payé de trop, eu égard aux défauts de la chose vendue, et qu'il aurait probablement payé de moins, s'il eût connu ses défauts.

Le Code civil n'a créé que deux actions en faveur de l'acheteur : l'action rédhibitoire et celle estimatoire ; mais elles renferment aussi l'action *exempto*, dans le cas de l'article 1645 qui porte que, si le vendeur connaissait les vices de la chose, il est tenu, outre la restitution du prix qu'il a reçu, de tous les dommages et intérêts envers l'acheteur.

L'art. 1641 met ensemble l'action rédhibitoire et celle *quanti minoris*, parce qu'en effet ce n'est que par les circonstances et suivant le degré de gravité, qu'on peut décider qu'il y a lieu à résoudre la vente ou seulement à diminuer le prix ; pour s'en convaincre, il suffit de lire l'art. 1644, qui laisse au choix de l'acheteur l'action estimatoire ou *quanti minoris*.

L'art. 2 de la loi du 20 mai 1838 porte, que l'action en réduction du prix, autorisée par l'article 1644 du Code civil, ne pourra être exercée dans les ventes et échanges d'animaux énoncés dans l'art. 1er de cette loi.

L'action estimatoire est celle par laquelle l'acheteur, préférant garder la chose, réclame du vendeur la restitution d'une partie du prix, d'après une expertise.

Evidemment, l'action estimatoire ne peut être confondue avec celle rédhibitoire, qui donne lieu à la résolution de la vente, et l'action estimatoire en se contentant d'une indemnité.

Quand la chose est atteinte d'un vice qui n'est pas rédhibitoire et qui cependant en empêche l'usage, l'action estimatoire compète seul à l'acquéreur ; et il ne peut opter entre les deux actions et demander la résolution de la vente, parce qu'en effet le vice n'est pas de nature à la faire opérer. C'est une distinction qu'il est important de ne pas perdre de vue ; les deux actions dont nous venons de parler ne doivent pas être confondues ; qu'il est nécessaire de connaître quels vices sont ou ne sont pas rédhibitoires (recours à la loi du 20 mai 1838).

Nous terminons ce préliminaire en faisant remarquer que les actions rédhibitoire et estimatoire sont également distinctes et séparées en droit romain comme en droit français.

CHAPITRE PREMIER.

—

LOI DU 20 MAI 1838.

Concernant les Vices rédhibitoires dans les ventes et échanges d'animaux domestiques.

Au palais des Tuileries, le 20 mai 1838.

LOUIS-PHILIPPE, Roi des Français, à tous présens et à venir, SALUT.

Nous avons proposé, les chambres ont adopté, NOUS AVONS ORDONNÉ ET ORDONNONS ce qui suit :

ARTICLE PREMIER.

Sont réputés vices rédhibitoires et donneront seuls ouverture à l'action résultant de l'art. 1641 du Code civil, dans les ventes ou échanges des animaux domestiques ci-dessous dénommés, sans distinction des localités où les ventes et échanges auront eu lieu, les maladies ou défauts ci-après, savoir ;

Pour le cheval, l'âne ou le mulet,

La fluxion périodique des yeux,
L'épilepsie ou le mal caduc,
La morve,
Le farcin,

Les maladies anciennes de poitrine ou vieilles courbatures,

L'immobilité,

La pousse,

Le cornage chronique,

Le tic sans usure des dents,

Les hernies inguinales intermittentes,'

La boiterie intermittente pour cause de vieux mal.

Pour l'espèce bovine,

La phthisie pulmonaire ou pommelière,

L'épilepsie ou mal caduc,

Les suites de la non-délivrance,

Le renversement du vagin ou de l'utérus, après le part chez le vendeur.

Pour l'espèce ovine,

La clavelée ; cette maladie, reconnue chez un seul animal, entraînera la rédhibition de tout le troupeau.

La rédhibition n'aura lieu que si le troupeau porte la marque du vendeur.

Le sang de rate ; cette maladie n'entraînera la rédhibition du troupeau qu'autant que, dans le délai de la garantie, sa perte constatée s'élevera au quinzième, au moins, des animaux achetés.

Dans ce dernier cas, la rédhibition n'aura lieu également que si le troupeau porte la marque du vendeur.

ART. 2.

L'action en réduction du prix, autorisée par l'art. 1644 du Code civil, ne pourra être exercée dans les ventes et échanges d'animaux énoncés dans l'article 1er ci-dessus.

ART. 3.

Le délai pour intenter l'action rédhibitoire sera, non compris le jour fixé pour la livraison,

De trente jours pour le cas de fluxion périodique des yeux et d'épilepsie ou mal-caduc.

De neuf jours pour tous les autres cas.

ART. 4.

Si la livraison de l'animal a été effectuée ou s'il a été conduit, dans les délais ci-dessus, hors du lieu du domicile du vendeur, les délais seront augmentés d'un jour par cinq myriamètres de distance du domicile du vendeur au lieu où l'animal se trouve.

ART. 5.

Dans tous les cas, l'acheteur, à peine d'être non recevable, sera tenu de provoquer, dans les délais de l'article 3, la nomination d'experts chargés de dresser procès-verbal; la requête sera présentée au juge de paix du lieu où se trouvera l'animal.

Ce juge nommera immédiatement, suivant l'exigence des cas, un ou trois experts, qui devront opérer dans le plus bref délai.

ART. 6.

La demande sera dispensée du préliminaire de conciliation, et l'affaire instruite et jugée comme matière sommaire.

ART. 7.

Si, pendant la durée des délais fixés par l'article 3, l'animal vient à périr, le vendeur ne sera pas tenu de la garantie, à moins que l'acheteur ne prouve que la perte de l'animal provient de l'une des maladies spécifiées dans l'article 1er.

ART. 8.

Le vendeur sera dispensé de la garantie résultant de la morve et du farcin pour le cheval, l'âne et le mulet, et de la clavelée pour l'espèce ovine, s'il prouve que l'animal, depuis la livraison, a été mis en contact avec des animaux atteints de ces maladies.

La présente loi, discutée, délibérée et adoptée par la chambre des pairs et par celle des députés, et sanctionnée par nous cejourd'hui, sera exécutée comme loi de l'État.

DONNONS EN MANDEMENT à nos Cours et Tribunaux, Préfets, Corps administratifs, et tous autres, que les présentes ils gardent et maintiennent, fassent garder, observer et maintenir, et, pour les rendre plus notoires à tous, ils les fassent publier et enregistrer partout où besoin sera; et, afin que ce soit chose ferme et stable à toujours, nous y avons fait mettre notre sceau.

Fait au palais des Tuileries, le vingtième jour du mois de mai, l'an 1838.

Signé LOUIS-PHILIPPE.

Par le Roi :

Le ministre secrétaire d'Etat des Travaux publics, de l'Agriculture et du Commerce,

Signé N. MARTIN (du Nord).

Vu et scellé du grand sceau :

Le Garde-des-Sceaux de France, Ministre Secrétaire-d'Etat au département de la Justice et des Cultes.

Signé BARTHE.

CHAPITRE II.

—

TABLEAU

CONTENANT LA

DÉNOMINATION DES ANIMAUX DOMESTIQUES,

NATURE DES VICES RÉDHIBITOIRES ET DÉLAIS DANS LESQUELS L'ACTION DOIT ÊTRE INTENTÉE.

Mis en rapport avec la loi du 20 mai 1838.

DÉNOMINATION DES Animaux domestiques.	NATURE DES VICES RÉDHIBITOIRES.	DÉLAIS DANS LESQUELS L'ACTION DOIT ÊTRE INTENTÉE.
Cheval, l'âne ou le mulet.	1º Fluxion périodique des yeux..........	30 jours non compris le jour de la livraison.
	2º L'épilepsie ou le mal caduc.........	Id.
	3º La morve........	9 jours.
	4º Le farcin........	Id.
	5º Les maladies anciennes de poitrine ou vieille courbature	Id.
	6º L'immobilité.....	Id.
	7º La pousse........	Id.
	8º Le cornage chronique...............	Id.
	9º Le tic sans usure de dents..........	Id.
	10º Les hernies inguinales intermittentes.	Id.
	11º La boiterie intermittente pour causes de vieux mal.......	Id.

DÉNOMINATION DES Animaux domestiques.	NATURE DES VICES RÉDHIBITOIRES.	DÉLAIS DANS LESQUELS L'ACTION DOIT ÊTRE INTENTÉE.
Espèce bovine (1).	1° La phthisiepulmonaire ou pommelière	9 jours.
	2° L'épilepsie ou mal caduc.............	Id.
	3° Les suites de la non délivrance.........	Id.
	4° Le renversement du vagin ou de l'utérus.............	Id.
	—	—
Espèce ovine.	1° La clavelée.......	9 jours.
	2° Le sang de la rate.	Id.

(1) Description, par ordre de n°, de chaque vice rédhibitoire qu'il est utile de faire connaître aux personnes qui ne savent pas préciser ni distinguer les vices des animaux, et des précautions à prendre dans l'examen de ceux qu'on en soupçonne attaqués.

Ovibos, s. m. (*s* se pronon.), buson musqué du Canada, sans mufle, et couvert de poil fin jusqu'aux lèvres. Delà lui vient le nom d'*ovibos*, bœuf, mouton.

(*Dict. de l'Acad.*, contenant les mots nouveaux, t. 2. 1835.)

Herbivores, on donne ce nom aux animaux qui vivent d'herbe, de plantes, de végétaux.

(*Encyclopédie méthod.*)

1ʳᵉ ESPÈCE CHEVALINE.

FLUXION PÉRIODIQUE DES YEUX.

—

Mouvement qui a lieu sous l'empire de l'irritation, et qui fait affluer les fluides animaux, le sang en particulier, vers un organe ou une partie d'organe.

OPHTHALMIE. — Inflammation de l'œil ou des yeux, considérée en général, et caractérisée par la rougeur de la conjonctive, la suppression de la sécrétion des larmes, puis le larmoiement, la chaleur de la partie et la difficulté de supporter la lumière. Elle peut affecter un seul œil ou les deux yeux ; mais rien n'est plus commun que de voir cette phlegmasie, bornée d'abord à un seul, s'étendre ensuite à l'autre. Parfois, et lorsque l'ophthalmie est due à une violence extérieure, elle peut amener un trouble plus ou moins grand dans toutes les parties constituantes de l'œil.

Ophthalmie périodique, phlegmasie particuculière et périodique ou intermittente qui affecte les yeux de certains chevaux, se reconnait au trouble de l'humeur aqueuse, déterminé luimême par l'irritation de la membrane qui tapisse la chambre intérieure, même les deux chambres, et se termine par la cataracte et la cécité. De toutes les maladies qui affectent les yeux du cheval, la plus commune, la plus grave, la plus opiniâtre, la plus rebelle, la plus fatale par ses suites pour l'organe de la vue et la vision, est peut-être celle que nous croyons devoir désigner sous le nom d'ophthalmie périodique. Le nom, si faux dans sa signification et si impropre, de lune, qu'on lui a donné anciennement et qui reste encore, vient de ce qu'on s'est très-gratuitement imaginé qu'elle dépendait de l'influence occulte des mouvemens et des phases de la lune sur la vue. On supposait autrefois que les astres, particulièrement la lune, exerçaient une grande influence sur la santé de l'homme et des animaux, et comme on avait observé que l'ophthalmie dont il s'agit se renouvevelait à des époques à peu près déterminées, les hippiatres des temps anciens n'ont pas manqué d'attribuer ce retour à l'influence de la lune; on retrouve encore cette idée. Au nom de lunatique on a substitué celui de fluxion périodique; ce dernier au moins est plus rationnel, parce qu'en effet la maladie est une fluxion qui se dissipe et reparaît à diverses époques plus ou moins rapprochées ou éloignées les unes des autres, c'est-à-dire un état morbide qui consiste dans un flux de sang ayant lieu sous l'empire de l'irritation. Mais pourquoi ne pas appeler les choses par leur nom, et puisqu'il s'agit d'une phlegmasie oculaire, pourquoi ne pas lui laisser le nom consacré d'ophthalmie, en y ajoutant l'épithète de périodique ou celle d'intermittente qui lui convient également, à cause de ses retours que l'ancienneté du mal rapproche davantage? En effet, l'ophthalmie périodique n'est pas autre chose qu'une véritable ophthalmie aiguë à type intermittent, caractérisée par l'inflammation de la conjonctive, qui envahit de l'humeur aqueuse et les autres parties constituantes de l'œil, en devenant sujette à récidive. Cela est tellement vrai, que lors d'une première invasion, il est impossible de distinguer cette ophthalmie d'un autre type intermittent; ce n'est que lorsque des accès se renouvellent, lorsque l'affection est déjà avancée ou ancienne, lorsque les animaux l'ont éprouvée plusieurs fois, qu'on peut être suffisamment éclairé à son égard.

Précisément à cause de ses retours sur un organe important, et parce que, dans l'intervalle des accès, des premiers surtout, elle ne laisse aucune trace appréciable de son existence, qu'elle détruit petit à petit la vue et rend les animaux de presque nulle valeur. L'ophthalmie périodique doit être sujette à la rédhibition, et rentrer dans le cas prévu par l'article 1641 du code civil. Symptômes et marche de la maladie: les symptômes de l'ophthalmie périodique peuvent être distingués en ceux qui appartiennent à l'accès, autrement dit, à l'état d'inflammation oculaire, et en ceux qui appartiennent aux périodes de rémission qui se font remarquer dans les intervalles des accès.

Pendant les accès ou paroxismes, le cheval affecté d'ophthalmie périodique présente en général tous les symptômes d'une phlegmasie oculaire aiguë : tuméfaction des paupières et de la conjonctive, rougeur de cette membrane, injection de ses vaisseaux, épiphora, abaissement de la paupière supérieure, chaleur et sensibilité plus grande de l'œil, etc. Si les paupières ne sont pas entièrement fermées, si l'on peut apercevoir la cornée lucide, en examinant à travers cette membrane on trouve l'intérieur de l'œil d'un blanc jaunâtre, et l'on ne distingue plus rien. Cette teinte blanchâtre est due au trouble et à l'épaississement de l'humeur aqueuse, laquelle tient en suspension une matière abondante qu'on croit albumineuse, et qui commence à devenir concrète. Au bout de deux à trois jours, quelquefois davantage, les symptômes commencent à diminuer, la couleur blanche n'est plus aussi générale; on remarque, dans l'humeur aqueuse, des espèces de filamens courts, de petits flocons, toujours blanchâtres ou du blanc jaunâtre, et qui sont en suspension dans cette humeur, entre ces filamens, qui deviennent d'autant plus nombreux, que leur volume augmente davantage; on commence à apercevoir plus profondément dans l'œil; la rougeur est diminuée, ainsi que sa sensibilité; quelques jours de plus encore, l'œil devient plus clair, et demeure en grande partie à découvert; mais, en abaissant la paupière inférieure, on aperçoit, dans le fond de la chambre antérieure, une espèce de corps de la même couleur qu'étaient les flocons, phénomène qui est dû à la présence, dans cette partie de l'œil, de la matière albumineuse, laquelle, par sa condensation et son poids, ainsi que par celui de la diminution des phénomènes inflammatoires, s'est précipitée en bas, où elle se trouve plus tard absorbée; cette série de phénomènes successifs peut être distribuée en cinq temps. En définitive, l'ophthalmie périodique est toujours une maladie très-grave, non-seulement parce qu'elle compromet l'exercice de la vue, mais encore parce qu'elle est jusqu'à présent incurable, et qu'elle peut entraîner la perte de l'organe qu'elle affecte.

(*Dictionnaire vétérinaire*, par Hurtrel d'Arboval.)

Période. — On a donné ce nom aux différentes époques entre lesquelles on peut diviser le cours ou la durée d'une maladie. En général, chaque maladie est divisée en trois périodes. Dans la première, la maladie se manifeste et s'accroît successivement; dans la seconde, le mal, arrivé à son plus haut degré d'intensité, demeure plus ou moins long-temps stationnaire, et se prépare à une issue heureuse ou funeste; dans la troisième, la maladie commence à décroître et à tendre vers une terminaison favorable. La troisième période n'est pas toujours avantageuse, car, au lieu d'une diminution plus ou moins rapide, il peut survenir une complication, une recrudescence ou métastase, ou bien la maladie passe à l'état chronique, ou enfin la mort arrive avant que le mal ait diminué. La durée de chaque période est relative à celle de la maladie, à l'intensité des causes, à la prédisposition de l'animal malade, aux circonstances intercurrentes, au mode de traitement. En général, la seconde période est la plus courte dans les maladie aiguës ; on doit toujours s'attacher à la prévenir, et à faire avancer la troisième. Il est beaucoup de cas dans lesquels la première période dure à peine, que déjà la seconde a lieu ; d'autres fois le mal est, dès le premier instant, dans toute son intensité. Il y a beaucoup à redouter quand le mal est subitement ou promptement à son apogée ; une troisième période trop prolongée est d'un mauvais augure dans le traitement des maladies. On doit avoir quelque égard aux périodes, agir d'autant plus vigoureusement et persévéramment que les progrès sont plus rapides, et continuer à écarter toute condition nuisible, quand la troisième période se prolonge trop.

PÉRIODICITÉ. — Retour de certaines modifications organiques à des époques fixes ou irrégulières, surtout dans l'état de maladie. Ne connaissant pas la cause prochaine de la périodicité, c'est à en étudier toutes les conditions qu'il faut s'attacher afin de les écarter, de les atténuer ou d'en éloigner les animaux malades, si on ne peut les éloigner elles-mêmes. Il paraît que les toniques sont avantageux contre les maladies périodiques, et qu'ils sont susceptibles d'être plus efficaces si on les alterne avec des émissions sanguines.

PÉRIODIQUE. — Épithète donnée à certaines maladies dont les phénomènes cessent pour reparaître à des époques fixes ou irrégulières. De toutes les maladies sujettes à des retours, la plus commune et la plus fréquente est celle qu'on appelle ophthalmie périodique. Une maladie périodique, quelle qu'elle soit, doit être traitée, pendant la durée des accès, comme si elle était continue, mais en insistant surtout sur les dérivatifs; on doit en outre chercher à prévenir les accès à l'aide d'un régime convenable et par un emploi énergique des révulsifs.

(*Dictionnaire vétérinaire,* par Hurtrel d'Arboval.)

2ᵉ. ESPÈCE CHEVALINE.

ÉPILEPSIE OU LE MAL CADUC.

L'épilepsie, communément mal caduc, mal sacré, haut mal, est une maladie caractérisée par des accès périodiques de mouvemens convulsifs plus ou moins violens, généraux et partiels, qui durent plus ou moins, et sont accompagnés de la perte subite de la sensibilité, de la suspension ou de l'abolition de l'exercice des sens. Les accès sont d'autant plus prolongés et fréquens, que la maladie est plus ancienne et plus invétérée; ils surviennent tout d'un coup, et l'animal qui en est atteint tombe comme s'il était frappé par la foudre.

Quoique cette affection se remarque sur presque tous les animaux, le chien est celui qui y est le plus sujet, et quelquefois elle complique chez lui la maladie dite des chiens. Dans ce cas, elle n'est que symptomatique; néanmoins, il est de grande importance de l'étudier et de la bien connaître dans le cheval, parce qu'on pourrait la confondre avec certaines autres affections nerveuses qui lui ressemblent, mais qui n'ont pas toutefois ces périodes d'intermission qui la caractérisent essentiellement. On sent facilement la nécessité de cette distinction, lorsque l'on considère que l'épilepsie est sujette à la rédhibition, parce que pendant l'accès il n'est pas toujours possible de la reconnaître, et que les autres maladies avec lesquelles on pourrait la confondre ne sont pas dans le cas de l'action rédhibitoire. Pour faciliter l'examen de l'animal soupçonné, et reconnaître son état, la loi accorde quarante jours, fondés sur ce que les accès se renouvellent tous les mois ou toutes les six semaines; si ce temps ne suffit pas, le juge ne saurait refuser une prolongation de délai, puisque les accès épileptiques peuvent s'observer à des intervalles encore plus ou moins éloignés, surtout dans le principe de la maladie. En général, l'épilepsie se déclare subitement, et les seuls prodrômes qu'on pourrait peut-être observer, si l'on y faisait une grande attention, seraient tout au plus la tête basse et lourde, les yeux tristes, le poil piqué, le pouls accéléré, la toux, la respiration laborieuse, l'air expiré, chaud, et c'est du moins ce que Berger a cru remarquer dans une jument qui tomba en épilepsie quelques jours après. Quoi qu'il en soit, le cheval attaqué de cette maladie est tout d'un coup saisi d'un tremblement et d'un étourdissement considérables, accompagnés de

l'abolition subite des fonctions des sens; il
éprouve une agitation convulsive générale,
aussi violente que soudaine, qui détermine
bientôt sa chute; il chancelle et tombe raide et
avec force, en faisant des contorsions horri-
bles. Quelques individus cependant restent debout, ce qui, au reste, est fort rare, et alors ils
présentent une raideur générale dans tous les
muscles des membres et du tronc, une agitation
convulsive des mâchoires, et une salivation écumeuse abondante; une fois le cheval à terre, il
a déjà perdu l'usage de ses sens, il ne perçoit
plus l'impression des qualités des corps qui l'en-
vironnent, il a perdu connaissance. Sa crinière
est comme hérissée, ses poils ne sont plus si
bien couchés; les yeux sont saillans, fixes, tendus, et offrent un des symptômes les plus re-
marquables; ils sont pivotans dans l'orbite; on
dirait qu'ils en veulent sortir, et qu'ils éprouvent une sorte de rotation ou de tournoiement.
Les paupières sont quelquefois contractées; les
muscles du bas de la tête se contractent et se
relâchent de mille manières, et donnent à cette
partie un aspect bizarre et sinistre; les lèvres et
le bout du nez sont tendus de temps en temps;
l'encolure se raidit, les muscles portent la tête
en tous sens, et la précipitent à coups redou-
blés contre terre; la mâchoire inférieure, fortement appliquée contre la supérieure, exécute
des mouvemens à droite et à gauche, fait toutes
sortes de grimaces, et occasionne des grince-
mens de dents; la langue s'épaissit et paraît

quelquefois sans mouvement. Les glandes sali-
vaires éprouvent une secousse, qui leur fait
sécréter une certaine quantité de bave, laquelle
sort écumeuse de la bouche ; les naseaux sont
très-ouverts ; le malade se plaint ; les membres
deviennent raides et tendus, et sont en proie à
des mouvemens convulsifs de flexion et d'exten-
sion très-variés ; les parois du thorax se soulè-
vent et s'abaissent avec une incroyable rapidité ;
les muscles de l'abdomen se contractent et se
relâchent alternativement ; les flancs sont re-
troussés ; enfin, des intervalles de raideur tétas-
tique générale occupent quelquefois les accès
convulsifs. La pupille est dilatée ; elle ne paraît pas se resserrer à l'approche d'une chandelle
allumée, et oscille tout au plus un instant ; la
rétine a perdu sa sensibilité, ou bien l'impression
qu'elle reçoit n'est point perçue, l'animal est insensible à l'action des corps vulnérans et con-
tondans ; il n'entend plus ; son corps se couvre
de sueur ; quelquefois il a des déjections involon-
taires, mais cela est très-rare. Les membranes
muqueuses de la tête sont rouges, livides, et
paraissent gonflées ; les jugulaires, les veines
des tempes et les sous-orbitaires se gonflent
d'une manière remarquable.

Le pouls mérite une attention particulière ; il
se serre, devient un peu lent aux approches de
l'accès ; puis il se développe à mesure que la
poitrine est plus agitée ; bientôt il devient dur,
vif, fréquent, quelquefois irrégulier.

Ces accès durent trois à quatre minutes,

2.

quelquefois davantage ; ils sont d'autant plus violens qu'ils sont plus rapprochés, et que leur nombre augmente à mesure que les mouvemens convulsifs diminuent ; le calme renaît peu à peu. L'accès étant terminé, le malade se relève, paraît stupide, étonné, éprouve de l'accablement et de la fatigue, est lourd, est pesant ; mais au bout de quelque temps ces suites disparaissent d'elles-mêmes ; le malade se secoue, urine, reprend son calme ordinaire, cherche à manger et à boire ; et mange et boit comme de coutume, si on le laisse faire.

On retrouve une grande partie des mêmes phénomènes dans l'espèce du chien ; il éprouve subitement un tremblement général, ne voit plus, n'entend plus, ne sent plus, tombe, éprouve avec violence des mouvemens convulsifs généraux, ou seulement partiels, raidit ses membres ou les agite de mille manières ; bave, écume, pousse des plaintes, et quelquefois des hurlemens épouvantables. Quand il demeure debout, il recule quelquefois spontanément, et c'est surtout dans le cas où l'individu est affecté de maladie, qu'on dit particulière à son espèce, qu'on observe un semblable phénomène pendant les accès, toujours beaucoup plus graves que ceux qui déterminent la chute ; l'accès dure plus ou moins long-temps ; ensuite les désordres cessent, le chien se relève, et il a l'air hébété et souffrant. Peu à peu ces suites disparaissent, et l'animal ne semble plus malade jusqu'à un nouvel accès. Il est en pareil cas des chiens qui, aussitôt relevés, se mettent à courir comme s'ils étaient poursuivis; mais bientôt ils s'arrêtent et se trouvent dans le même état qu'avant l'accès.

Dans les ruminans, la bave écumeuse qui sort de la bouche est mêlée de fragmens des alimens qui doivent revenir du rumen dans cette cavité, par l'acte de rumination; les jambes se tordent, s'agitent, se fléchissent et s'étendent irrégulièrement; les contractions tumultueuses des muscles abdominaux de l'intestin rectum et de la tunique charnue de la vessie, provoquent par intervalles la sortie involontaire des urines et des excrémens. Quelquefois le bœuf, frappé d'un accès d'épilepsie, mugit d'une manière effrayante; d'autres fois, il ne jette aucun cri; il chancelle, tombe par terre, meut ses extrémités avec force, écume, bat des flancs, et tient les mâchoires serrées; ses jambes restent quelque temps raides ou agitées de mouvemens convulsifs. Cet état dure un instant; ensuite l'animal se relève et regarde autour de lui, comme s'il revenait d'une profonde léthargie; enfin il retrouve tous ses sens, et se met à manger et à marcher comme les autres bœufs. La brebis, pour l'ordinaire, tourne un moment autour d'elle-même, avant de tomber par terre; alors la tête, le cou, le corps et les extrémités entrent en convulsion; elle écume; enfin elle s'élève lentement d'un air égaré, puis elle marche et se met à manger comme auparavant. Au surplus, tous ces phénomènes varient, et sont plus ou moins multipliés, suivant que le mouvement convulsif est plus ou moins général, et l'accès plus ou moins intense.

Le porc est d'abord soudainement renversé par terre, sans mouvement, comme s'il était frappé de la foudre; mais au bout de quelques instans, il donne des signes d'existence par des convulsions, à la suite desquelles les quatre membres se rapprochent du ventre avec des mouvemens qui augmentent graduellement et deviennent très-précipités; les lèvres, les muscles du cou, ceux de l'abdomen, et principalement le fourreau, éprouvent des soubresauts convulsifs; l'animal contourne les yeux, écume, se prend souvent la langue entre les mâchoires, et l'entame presque; les mâchoires sont serrées; il grince des dents, respire, tantôt à longs traits, tantôt d'une manière précipitée, tantôt avec un son ronflant; il est absolument sans connaissance durant les accès, très-fatigué et hébété quand ils ont cessé. Il est à remarquer que, dans tous les animaux et pendant les accès de cette maladie clonique, le pouls offre, ou à peu près, les mêmes modifications; d'abord petit, il se développe, devient fréquent, dur, inégal, et s'efface quelquefois. Il reprend son état ordinaire lorsque les mouvemens forcés varient, qui ont lieu pendant la durée de l'accès, ont cessé. Le diagnostic de l'épilepsie n'est difficile que lors de l'invasion du premier accès; mais lorsque les accès se prolongent et se renouvellent, il est moins difficile de s'assurer de leur nature, attendu que, dans ce cas, il y a insensibilité, suspension de l'exercice des sens, et, de plus, mouvemens convulsifs manifestes; l'immobilité de sa pupille est un signe certain, quand on peut s'en assurer, ainsi que cet air particulier d'étonnement et de stupidité qu'offrent les animaux épileptiques au sortir de l'accès.

Les accès reviennent ordinairement à des époques indéterminées, plus ou moins éloignées ou rapprochées; il n'est pas commun de les voir revenir chaque jour ou plusieurs fois par jour; cependant Volpi cite un cheval qui en offrait l'exemple deux ou trois fois en vingt-quatre heures; le plus souvent ils s'éloignent d'un mois, six semaines au plus.

L'épilepsie n'est pas une maladie meurtrière par elle-même, mais elle est fâcheuse et grave sous un certain rapport; elle est fâcheuse, parce qu'elle rend presque les animaux qu'elle attaque impropres aux services auxquels on la destine; elle est grave, en ce que les animaux qui l'éprouvent peuvent périr ou se tuer pendant l'accès, et que d'ailleurs elle résiste à tous les moyens de traitement. Si l'on est quelquefois parvenu à la guérir, c'est-à-dire à empêcher les retours, c'est qu'elle n'était que symptomatique, que l'on pouvait en connaître la cause, et remonter à la lésion primitive d'où elle dépendait. L'épilepsie, qui se joint à la maladie dite des chiens, est toujours une complication très-grave; elle annonce une intensité portée au plus haut degré, et le cas est alors presque toujours mortel.

Pendant les accès, il faut se contenter d'empêcher que l'animal se blesse.

(Extrait du même auteur.)

L'épilepsie, que les maréchaux appellent étourdissement, est une convulsion irrégulière dans tout le corps qui saisit subitement le cheval et le fait tomber par terre; il se raidit, il s'agite; ses yeux deviennent rouges, hagards; sa tête se ramène vers la poitrine; l'écume lui sort de la bouche; dans cet état il paraît avoir perdu la vue, car il se laisse toucher aisément la cornée transparente; il est insensible au fouet. L'accès est de sept ou huit minutes, on l'a vu durer près d'une demi-heure. L'animal, revenu à lui, se relève, et se met à trotter, sans paraître ni abattu ni fatigué.

A raison des mouvemens convulsifs, il semblerait qu'on devrait chercher la cause de cette maladie dans le cerveau et dans les nerfs; je n'ai cependant rien observé de particulier dans ces parties, en ouvrant des chevaux épileptiques; mais en examinant l'estomac j'ai toujours vu une très-grande quantité de suc gastrique noirâtre, qui annonçait plutôt une saburre qu'une sécrétion parfaite; ce que je n'ai jamais trouvé dans les chevaux attaqués d'autres maladies. Lorsque l'épilepsie n'existe pas dès la naissance, ne peut-on pas croire que les mauvais fourrages, la répercussion des humeurs de la peau, celle de la gale et du farcin, la peur, sont très-capable de la produire? Au reste j'ai vu même des chevaux épileptiques devenir immobiles par la suite; ce mal n'est pas curable; je n'ai pas réussi au moins à en délivrer les chevaux que j'ai traités avec les purgatifs, les absorbans, les vésicatoires, les sétons, etc..., je n'ai pas même reculé le retour des accès. (Hippiatrique par Lafosse.)

3e. ESPÈCE CHEVALINE.
LA MORVE EST UNE AFFECTION.
Médecine vétérinaire. — Nosographie.

§ II. Les signes et les symptômes auxquels on reconnaît l'existence de la morve sont tracés d'une manière si claire et si méthodique sur les moyens de s'assurer de l'existence de cette maladie, on reconnaît trois périodes dans la durée de cette maladie. Les signes du premier période sont :

1° L'écoulement par un seul naseau d'une humeur blanchâtre et fluide, qui n'est bien sensible que lorsque l'animal a été exercé pendant quelque temps ;

2° L'engorgement et l'inflammation, caractérisés par la rougeur de la membrane qui tapisse l'intérieur du nez, surtout près de la cloison qui sépare les naseaux ;

3° Le gonflement des vaisseaux sanguins de la membrane pituitaire, qu'on n'aperçoit dans l'animal sain que lorsqu'il est échauffé par l'exercice ;

4° L'engorgement d'une ou plusieurs glandes de la ganache du côté du naseau par lequel l'écoulement a lieu ;

5° Le poli, le brillant du poil qui est dû au défaut de transpiration ;

6° Le bon état apparent de l'animal avec les signes précédens;

7° La crudité et la transparance des urines. Ces signes appartiennent essentiellement à la morve la plus commune, qui est celle due à la communication. La morve spontanée s'accompagne des effets de l'altération pathologique qui lui a donné naissance.

La deuxième période s'annonce par les signes suivans :

1° L'épaississement, la couleur jaune ou verdâtre du flux, sa viscosité, son adhérence au bord de l'ouverture du naseau;

2° Le froncement et le retroussement du bord du naseau infecté dans sa partie supérieure;

3° Enfin, la sensibilité des glandes engorgées et leur adhésion aux os de la mâchoire postérieure.

Lorsque la maladie est parvenue à son troisième période, elle présente les signes :

1° La couleur grisâtre ou noirâtre du flux morveux;

2° L'écoulement qui a lieu par les deux naseaux;

3° Les traînées de sang qu'on aperçoit ordinairement dans le mucus;

4° Les hémorragies fréquentes de la membrane interne du nez ;

5° Les ulcères chancreux qui corrodent la membrane pituitaire;

6° La sensibilité excessive des glandes tuméfiées et leur adhérence plus intime à l'os maxillaire inférieur;

7° La chassie des yeux qui était moins abondante dans les autres périodes;

8° La tuméfaction de la paupière inférieure;

9° La saillie contre nature des os du nez et du chanfrein;

10° Le dégoût, l'abattement, la toux, l'enflure des jambes et des testicules;

11° La claudication sans cause externe; lorsqu'elle survient après les symptômes qui sont tracés, elle annonce la mort prochaine de l'animal.

Différence qu'elle offre dans le cheval, l'âne et le mulet.

§ III. La morve de l'âne et du mulet n'a point un caractère essentiellement différent de celle du cheval; les mêmes symptômes pathognomoniques les signalent dans ces trois solipèdes, mais ils n'ont pas la même intensité, la maladie n'a pas la même durée; elle n'est pas également fréquente chez les uns et chez les autres. La morve, dans le cheval, parcourt ses périodes lentement et avec régularité; abandonnée à elle-même, sa durée est communément de trois à quatre ans; son cours peut être plus long. On a vu des chevaux garder la morve huit à neuf ans; d'autres, qui l'avaient contractée à quatre ou cinq ans, mourir de vieillesse.

La morve du mulet est beaucoup plus rapide dans sa marche que celle du cheval; elle arrive ordinairement à son terme fatal au bout de quatre ou cinq mois, les exceptions à cette règle sont rares.

La rapidité de la morve de l'âne est beaucoup plus remarquable; cette affection présente, dans cette espèce, le caractère d'une maladie aiguë : elle se termine le plus fréquemment par la mort dans le court espace de deux mois.

Le mucus qui coule du nez de l'âne et du mulet est beaucoup moins abondant que celui du cheval dans l'état de santé; les sinus frontaux et maxillaires des premiers sont plus étroits, l'orifice des naseaux plus resserré, leur tempérament est plus sec et plus bilieux. Il doit résulter de ces dispositions physiologiques de très-grandes différences dans la pathologie de ces divers animaux. L'âne et le mulet étant moins exposés aux affections catarrhales, les causes qui les occasionnent éprouvent une réaction vitale assez vive pour leur donner un caractère aigu; si la fièvre ne peut triompher de ces causes, l'animal succombe en peu de temps.

Il suit de cette idiosyncrasie spécifique, comme il est facile de le voir, que la morve de l'âne et du mulet n'offrira point, comme dans le cheval, ses symptômes au milieu des signes de la santé. Il y aura, dans le commencement, altération du flanc, fièvre, toux, flux par les deux naseaux d'une matière sordide extrêmement fétide, respiration sonore, amaigrissement, larmes abondantes et épaisses, hérissement remarquable du poil du front; tous ces symptômes s'exaspèrent promptement et il surviendra des exostoses sur différentes parties et principalement aux os de la tête ; la table du frontal se soulèvera, la respiration deviendra stertoreuse, l'haleine d'une puanteur insupportable ; et l'animal succombera dans le dernier degré de l'atrophie.

Si la morve de l'âne et du mulet est beaucoup plus effrayante que celle du cheval, si elle n'offre pas le moindre espoir de guérison, elle est aussi infiniment plus rare. L'âne et le mulet résistent plus que le cheval à toutes les contagions, et peut-être ne prennent-ils jamais la morve spontanément.

Le farcin, la gourme, les eaux aux jambes, une foule d'autres maladies qui dégénèrent en morve ou n'attaquént jamais l'âne et le mulet, ou du moins les attaqûent très-rarement. Ces animaux durs à la fatigue, extrêmement sobres, supportant avec facilité les erreurs du régime, toutes les intempéries des saisons, sont peu sensibles à l'influence des causes dont l'action lente et prolongée rend les chevaux morveux.

On ne peut s'empêcher de regarder la morve comme une dégénération de la gourme, comme une gourme imparfaite ; l'opinion sur l'identité de ces deux maladies, sur l'observation de chevaux qui font jeter la gourme aux poulains, tandis que les poulains gourmeux donnent la morve aux vieux chevaux. On dit encore que les maladies psoriques, le farcin, etc., sont dues à un levain gourmeux retenu dans le corps, et que c'est pour cette raison qu'elles peuvent se transformer en morve. (*Extrait de l'Encyclopédie méthodique*, p. 154 et suiv., t. 10.)

La morve est une affection contagieuse du système lymphatique, caractérisée par l'engorgement des glandes conglobées, par l'ulcération de la membrane pituitaire et par le flux d'une matière muqueuse par les naseaux ; elle tire son nom de ce dernier symptôme. Les signes généraux de la santé subsistent longtemps au milieu de ces symptômes; c'est principalement par ce caractère que la morve se distingue d'un grand nombre d'autres maladies inflammatoires ou catarrhales auxquelles sont exposés les animaux solipèdes. La morve est particulière au cheval, à l'âne et au mulet.

4e. ESPÈCE CHEVALINE.

FARCIN.

Maladie exanthématique, ainsi nommée depuis Végèce, et réputée particulière au cheval, à l'âne et au mulet; on la considère comme une irritation inflammatoire des vaisseaux et des ganglions lymphatiques, ainsi que du tissu cellulaire; elle se montre sous forme de tumeurs ressemblant souvent à une corde noueuse, placée sur le trajet des troncs lymphatiques superficiels; sous celle de tuméfaction des ganglions lymphatiques; sous celle enfin de tumeurs rénitentes, diffuses, peu douloureuses après les premiers momens de leur développement, qui apparaissent dans plusieurs cas sur des parties du corps dépourvues de gros troncs lymphatiques, tel que les bords de l'encolure, le dos, les hanches et la croupe; on en voit de globuleuses ou ovalaires, situées immédiatement sous la peau, au tissu de laquelle elles adhèrent. Le système lymphatique et notamment les ganglions paraissent être particulièrement lésés dans cette maladie; peut-être le tissu cellulaire ne l'est-il que sympathiquement, comme peuvent l'être la peau et la membrane muqueuse gastro-intestinale.

D'abord petits et peu nombreux, les exanthèmes farineux augmentent de volume et de nombre, sans cependant attirer d'abord une grande attention; car, bien qu'ils paraissent et débutent avec un sentiment de malaise général et un mouvement fébrile, avec douleur et tension aux parties affectées, ces phénomènes fugitifs d'irritation durent peu, et échappent d'autant plus facilement qu'ils ne sont pas toujours bien prononcés.

Les boutons de farcin sont tantôt ronds et circonscrits, tantôt plus ou moins allongés, quelquefois même aplatis : ils prennent alors le nom de tumeurs farcineuses; tantôt ils sont plus étroits, plus étendus en longueur, et s'appellent cordes de farcin. Ces cordes sont nommées chapelet lorsqu'il y a étranglement d'espace en espace, ou que les boutons sont liés entre eux par des prolongemens plus étroits.

Enfin la maladie est incurable lorsque les ulcères sont profonds, sinueux ou fistuleux', durs, sensibles, multipliés, qu'ils se succèdent les uns aux autres, donnent lieu à des végétations considérables, se développent en longs cordons; lorsque le mal a été négligé ou mal traité, qu'il est ancien, etc., dans l'un ou l'autre de ces cas, le vétérinaire jaloux de sa réputation ne doit jamais entreprendre imprudemment la cure du farcin.

Après la morve, il n'y a point de maladie si terrible et si fréquente que le farcin, car celle-ci produit souvent la première ; il serait très-utile que ceux qui ont écrit sur le farcin eussent pu nous donner des idées nettes et précises sur ces causes et sur le traitement ; mais personne n'a encore rempli cet objet. On trouve à la vérité des remèdes indiqués contre cette maladie ; mais peut-on dire qu'ils soient le fruit de la vraie connaissance du mal, et qu'ils aient été trouvés après une expérience longue et éclairée? De tels moyens, annoncés avec ostentation, sont pour le moins douteux ; et ceux qui les vantent paraissent plutôt avoir en vue leur intérêt particulier que l'utilité générale. Mais avant de chercher des remèdes pour une maladie, il faut en avoir étudié les symptômes, les causes et les différentes faces sous lesquelles elle peut se montrer. C'est après m'être occupé de ces objets que j'ai cru pouvoir hasarder mes idées sur le farcin, car je ne connais encore personne qui en ait parlé d'après ce qu'il a vu, ni qui ait bien appris à distinguer un bouton farcineux avec un phlegmon.

On donne le nom de farcin à certains boutons, à certaines gales, à certains ulcères répandus plus ou moins sur la surface du corps ; mais l'arrangement de ces boutons, leur multiplicité, leur situation ne servent presque de rien pour décider si c'est le farcin ou autre maladie ;

on n'en peut juger que par le tact. Combien voit-on de chevaux avoir le farcin et avoir les jambes rondes comme des pots à beurre, qui percent dans certains endroits, sans que l'on puisse apercevoir de tumeur circonscrite! Dans d'autres les boutons sont superficiels; dans d'autres ils sont très-apparens; mais ces différences ne suffisent pas pour caractériser le farcin; il y en a encore bien d'autres que nous indiquerons tout-à-l'heure.

Quant aux causes primordiales du farcin elles ne sont guère connues; cependant, à examiner les tumeurs et les plaies qu'occasionne ce virus, il y a lieu de croire que c'est tantôt un vice de la partie rouge du sang, et tantôt un vice de la partie blanche et noire par une seule et même espèce. Le virus farcineux occupe, dans certains chevaux, les vaisseaux de la peau; dans d'autres, les vaisseaux sanguins, et dans d'autres, les vaisseaux de la transpiration (car je ne pense pas qu'il y ait dans le cheval des glandes cutanées; je n'ai jamais pu, dans aucune circonstance, en découvrir la moindre trace, quelque soin que j'aie pris d'examiner la peau dans les maladies qui l'affectent); dans d'autres chevaux, cette maladie occupe le tissu cellulaire; il s'en trouve chez lesquels le siége de cette maladie est dans le corps des muscles. Combien de fois, en trouvant les cadavres, n'a-t-on pas vu des abcès placés dans le corps des muscles! Quelquefois ce vice n'attaque que les glandes; jamais, ou presque jamais, les parties tendineuses et ligamenteuses : j'en appelle aux praticiens. Ne voit-on pas tous les jours des chevaux avoir une jambe, surtout celle de derrière, extrêmement engorgée et remplie de dépôts, quoique les glandes inguinales ne soient pas engorgées ; ne voit-on pas aussi des chevaux dont les glandes des ars et des aînes sont engorgées, sans que les jambes le soient, et sans qu'elles le deviennent? Ne remarque-t-on pas encore des boutons durs répandus sur les côtes, sur les fesses, en un mot, dans les parties où l'on ne saurait apercevoir de glandes, et où il n'y a pas lieu de présumer qu'il y en ait, sans, dis-je, que les parties adjacentes soient tuméfiées? Il survient de même, dans ces parties, des tumeurs étendues et non circonscrites, qui ne tiennent nullement des précédentes, et qui sont aussi difficiles à guérir. Mais tantôt ces boutons produisent un pus louable, tantôt ceux qui percent ne fournissent que de la sérosité plus ou moins sanieuse; toutes ces différences, je crois, sont insuffisantes pour prouver que le vice du farcin n'occupe pas toujours les mêmes parties ; qu'il n'est pas toujours le même, et que la curation, par conséquent, en doit être différente ; que la cause primordiale nous est cachée; que nous devons nous en tenir aux apparences et aux effets. Ce sera donc d'après les généralités que nous avons sur les maladies, qu'il faudra partir pour aspirer à un traitement heureux. Tout ce que je puis dire de plus certain c'est que le médecin hippiatrique doit premièrement s'attacher à connaître quelle partie la tumeur occupe , de quel genre elle est, et la traiter en conséquence ; il en est de même des ulcères.

Les causes secondes sont les mauvais fourrages, le long repos, le peu d'attention à étriller les chevaux, un arrêt de la transpiration, de fréquens exercices, une trop grande déperdition de sueur, et le contact d'un cheval farcineux ; les chevaux entiers et principalement les chevaux de messagerie et de charrette y sont plus sujets que les autres.

Cette maladie est plus ou moins difficile à traiter , selon les parties qu'elle attaque, et suivant son siége. Celle qui est dans la peau est phlegmoneuse ou squirrheuse : dans le premier cas, on doit employer les relaxans et les émolliens; dans le second , on emploiera les résolutifs. Mais comme cela ne réussit pas toujours , et que ces gales sont autant de petits cancers , on rasera ces tumeurs avec le bistouri , et l'on attirera ces plaies en suppuration. Il est à propos de donner intérieurement les fondans de la lymphe , tels que l'aquila-alba, à la dose d'un demi-gros tous les deux jours, pendant quinze jours, ou bien les gommes fondantes, telles que l'aloës à la même dose, de même la gomme ammoniac; en outre, l'on donnera pour boisson au cheval les eaux ferrugineuses , telles que les eaux de Passy , etc.

Le farcin qui attaque le tissu cellulaire commence toujours par un phlegmon, puis dégénère en kiste; il est donc à propos de le traiter comme l'inflammation ; mais quand le traitement est insuffisant, que cette tumeur devient enkistée, il ne faut pas attendre que la tumeur perce d'elle-même, il faut l'ouvrir de peur que le pus, en séjournant dans son sac, ne change de nature et ne forme un ulcère de mauvaise qualité. L'ouverture faite, on appliquera le digestif animé ; mais comme en général dans le farcin le traitement externe est insuffisant, on emploiera intérieurement les adoucissans tels que les décoctions de bouillon blanc, de mauve, etc., que l'on fera prendre au cheval tous les matins ; on le mettra au son et à la paille pour toute nourriture ; et si ces remèdes ne suffisent pas on aura recours à ceux que nous avons indiqués.

Après quelques jours de traitement, l'exercice est salutaire ; on en sauve tous les jours en les faisant travailler ; mais quelquefois, faute de suivre de près cette maladie, ou par la malignité du virus, ces boutons, qui sont pour l'ordinaire cordés, percent, et les bords de la plaie se renversent ou se replient sur la peau, en cul de poule ; dans ce cas, il faut raser les boutons de près avec le bistouri et ensuite y passer la pierre infernale ou la pierre de vitriol, ensuite exciter la suppuration ; cet accident n'arrive qu'aux boutons qui produisent une sérosité sanguinolente, et non à ceux qui forment un pus louable. Le chirurgien vétérinaire est toujours le maître de les amener en suppuration, quelque force que puisse avoir le virus ; mais, comme je l'ai dit, ne s'occuper que de l'extérieur, c'est per-

dre son temps; le principal est la curation interne.

Le farcin, qui occupe les parties charnues,
est difficile à traiter; rarement le guérit-on. Ce
virus se porte non-seulement dans ces parties,
mais même sur les viscères. L'ouverture de plusieurs chevaux m'a fait voir des abcès dans les
cuisses, dans les muscles fessiers et psoas, entre
le péritoine et les reins. Cependant ce virus se
jette plus communément sur les poumons, ou
sur la membrane pituitaire, et quelquefois, après
avoir affecté les premiers, il va ronger celle-ci.

Outre les remèdes énoncés, on passe au cheval
un séton de chaque côté du col, et on a soin, après
l'avoir graissé tous les jours, de le retourner
pour procurer une grande suppuration. Mais
rarement le cheval guérit, quand le virus s'est
porté sur un des viscères ou sur la membrane pituitaire; le mal alors est incurable. Je n'ai point
le bonheur de posséder d'anti-farcineux; si mes
recherches ou ma pratique m'en faisaient découvrir un, je me hâterais d'en faire part au public.
Le farcin qui attaque les glandes se traite comme
celui du squirrhe de la peau; si ce n'est que sur
la fin de la curation, en se servant du cheval, on
lui fait manger dans du son, où on lui fait prendre
en breuvage les poudres de galéga, d'anis, de cu-
min, de coriandre à la dose d'une once chacune;
on doit lui en donner pendant huit ou dix jours,
d'un jour l'un, et à jeun, ainsi que tous les remèdes quelconques. (*Hippiatrique*, par Lafosse.)

5e. ESPÈCE CHEVALINE.

LES ANCIENNES MALADIES DE POITRINE OU VIEILLE COURBATURE.

La courbature est à peu près la même maladie que la pleurésie; c'est une inflammation du poumon, causée par une fatigue outrée, ou un travail forcé. Le cheval a une fièvre considérable, tient la tête basse, est dégoûté, respire avec peine, tousse et jette par le nez une humeur glaireuse, quelquefois jaunâtre, quelquefois sanguinolente; on donne quelquefois le nom de courbature à une fatigue ou lassitude; mais ce n'est pas ce que j'entends ici.

CAUSES.—1o Le sang, étant mis en mouvement, échauffé et raréfié par le trop grand exercice, se porte en grande quantitité dans le poumon, et y engorge les vaisseaux. 2o Le sang, étant dans un grand mouvement, s'appauvrit par les sueurs abondantes, devient épais, circule difficilement et engorge les vaisseaux capillaires du poumon, de là l'inflammation et la courbature.

PRONOSTIC. — Lorsque l'inflammation se termine par résolution, le sang reprend son cours ordinaire, les accidens cessent, et le cheval guérit; mais quand la résolution ne se fait pas, elle se termine ou par suppuration, ce qui produit la pulmonie de courbature dont j'ai parlé plus haut, ou par la gangrène qui cause la mort.

CURATION. — On traite la courbature comme la pleurésie; mais lorsque la suppuration est établie, que le cheval jette par les narines une matière jaunâtre et séreuse, il faut alors lui faire respirer la vapeur des herbes de bouillon blanc et de mauve, infusée dans l'eau pendant une heure. On met ces herbes toutes chaudes dans un petit sac que l'on pend à la tête du cheval; ce remède simple m'a plusieurs fois réussi à l'égard des chevaux les plus malades; l'écoulement qui était jaune est devenu blanchâtre et de bonne qualité au bout du septième jour. Ces fumigations doivent se faire trois fois par jour au moins; on observe de laisser le sac rempli d'herbes jusqu'à ce qu'elles ne donnent plus de chaleur.

De l'hydropisie de poitrine.

C'est un amas d'eau dans la cavité de la poitrine. .

CAUSES. — Les causes de l'hydropisie sont l'épaississement et la stagnation du sang. Lorsque le sang est épais il circule difficilement et lentement, les parties rouges se rassemblent, les séreuses et aqueuses se séparent des rouges et transsudent à travers les tuniques des vaisseaux; il se fait alors une extravasasion de sérosité dans la cavité de la poitrine.

Quant à la stagnation du sang dans les vaisseaux de la poitrine, elle reconnait pour cause 1º les maladies inflammatoires des parties contenues dans cette cavité, telle sont la pleurésie, la péripneumonie, la courbature, etc.; 2º la pousse, les tubercules du poumon.

DIFFÉRENCES. — Tantôt l'hydropisie se forme dans le péricarde, tantôt entre les deux lames du médiastin, et d'autres fois dans la cavité de la poitrine.

DIAGNOSTIC. — On reconnait l'hydropisie de poitrine par la difficulté de respirer ; dans la respiration les côtes s'élèvent avec force ; le cheval regarde sa poitrine, se couche tantôt d'un côté, tantôt de l'autre, bat des narines, a des sueurs fréquentes, se couche et se relève souvent ; il jette par les narines une sérosité jaunâtre qui est un des signes certains de l'hydropisie.   (*Hippiatrique*, par Lafosse).

COURBATURE. — Expression vague, inexacte, vulgaire et d'une acception indéterminée, qui ne présente à l'esprit l'idée d'aucune maladie spéciale, et rappelle tout au plus celle d'une réunion d'un certain nombre de symptômes variables, appartenant à diverses maladies. Quelques auteurs ont décrit la courbature comme une phlegmasie des organes du thorax ; d'autres comme une phlegmasie des organes de l'abdomen ; on l'a identifiée avec la phthisie tuberculeuse ; on l'a crue une maladie spasmodique avec diminution de volume, état caractérisé par le flanc creux et cordé ; on l'a rapprochée de la fourbure, du tétanos, etc. Ceux qui ont le mieux vu ont désigné la courbature comme cette lassitude des muscles plus généralement et tout aussi improprement appelée forfaiture. (*Voyez* ce mot.) De telles expressions ne doivent plus se rencontrer dans le vocabulaire de la pathologie vétérinaire ; il serait d'autant plus dangereux de conserver celle de courbature qu'elle prête tous les jours à de nombreux abus dans les difficultés qui s'élèvent au sujet de la garantie dans le commerce des animaux. Prenant ce terme dans une acceptation générique on lui fait signifier tout ce que l'on veut, ou plutôt on donne le nom de courbature à toutes les maladies imaginables, du moment qu'on a intérêt de le faire et qu'on ne se pique pas de délicatesse. Qu'un cheval vienne à mourir dans les neuf jours de la vente, fût-ce même par la faute de l'acheteur, si celui-ci est de mauvaise foi il ne manque pas de trouver des experts complaisans, des vétérinaires même indignes de ce nom, qui ne craignent pas de s'avilir jusqu'au point de constater ce qu'ils ne croient point, et le cheval, qui vient de mourir peut-être d'une colique, d'une entérite aiguë, d'un coup de sang ou d'une autre circonstance accidentelle, postérieure à la vente et tout à fait étrangère au vendeur, n'en est pas moins déclaré courbaturé, ce qui oblige le vendeur à rendre le prix de l'animal et à tout perdre avec lui. (*Voyez* cas rédhibitoire et bronchite.)

Bronchite. — C'est l'inflammation de la membrane muqueuse des bronches. Cette affection, qu'on appelle vulgairement morfondement, morfondure, a été nommée aussi rhume de poitrine, catharrhe pulmonaire, pneumonie catarrhale, fausse péripneumonie, angine de poitrine, catarrhe nasal, parce qu'on n'a pas encore assez étudié les effets de l'inflammation sur la membrane qu'elle affecte, et qu'on s'est contenté d'accorder trop d'attention peut-être à des symptômes qui ont été réunis en plusieurs groupes. Comment a-t-on pu l'appeler également courbature, puisque ce terme impropre n'exprime le nom d'aucune affection spéciale ?

(*Dict. vétérinaire*, par Hurtrel d'Arboval).

6ᵉ. ESPÈCE CHEVALINE.

DE L'IMMOBILITÉ.

Il est étonnant qu'aucun auteur d'hippiatrique n'ait fait jusqu'à présent mention de l'immobilité, maladie connue par tous les maréchaux et par tous les marchands, et placée même au nombre des cas rédhibitoires. Le cheval immobile ne recule pas ou très difficilement; il reste dans la place où on le met, c'est-à-dire, que si en le faisant avancer on l'arrête tout-à-coup, il conserve sa position actuelle et que ses jambes demeurent ou croisées, ou sous lui, ou en avant; quand on lui lève la tête, il reste dans la même situation. On voit que cette immobilité a de la ressemblance avec la maladie que les médecins nomment catalepsie.

L'immobilité est causée par la peur, dont l'effet peut être tel que l'animal meurt, comme j'en ai été témoin à la dernière revue de la maison du roi, à l'égard d'un cheval qui appartenait à M. Remy, maître des comptes. L'immobilité vient souvent à la suite d'une longue maladie, principalement dans ceux qui ont eu le mal de cerf. J'ai remarqué que les chevaux mal construits, dont la croupe est avalée, qui sont fortraits et ont le dos de carpe, étaient très-sujets à l'immobilité; j'ai encore vu des chevaux guéris d'un effort de reins (vulgairement appelé tour de bateau) rester immobiles. En cet état ils mangent souvent mais avec lenteur et périssent insensiblement. Quelque traitement que j'aie employé pour guérir cette maladie, je n'ai pu réussir; c'est en vain que j'ai ouvert des sétons, que j'ai mis en usage les stimulans, les sudorifiques, les purgatifs, les eaux thermales.

(Hippiatrique, par Lafosse.)

7°. ESPÈCE CHEVALINE.

LA POUSSE.

La pousse est une difficulté de respirer sans fièvre; elle ressemble assez à l'asthme de l'homme; tantôt le cheval tousse, mais faiblement; tantôt il ne tousse point, ce qui est assez ordinaire. Il fait de grandes inspirations, les muscles inspirateurs éprouvent de fortes contractions, les côtes s'élèvent avec force et avec difficulté mais en deux temps : ce qui est le caractère propre de la pousse.

Causes. — Cette maladie est produite par l'épaississement du sang, par le relâchement des vésicules du poumon et par les tubercules survenus dans ce viscère; on doit mettre encore au nombre des causes de la pousse les pierres pulmonaires, et les adhérences du poumon à la plèvre ou au diaphragme.

Le sang devenu épais circule lentement, s'arrête et s'appesantit sur les vaisseaux capillaires du poumon ; il faut alors sur ce viscère de vives impressions qui se continuent jusqu'aux nerfs qui vont se distribuer aux muscles inspirateurs, et les sollicitent à de fortes inspirations.

Les glandes du poumon qui séparent continuellement une humeur mucilagineuse destinée à humecter la substance de ce viscère étant relâchées s'engorgent de cette liqueur, compriment les vaisseaux sanguins et causent la difficulté de respirer.

Lorsque l'humeur des bronches est amassée en grande quantité dans les vésicules du poumon, elle bouche pour ainsi dire le passage à l'air, qui, en faisant effort pour sortir, produit assez souvent un gargouillement; c'est ce qu'on appelle cheval siffleur ou cornard.

Le sifflement vient quelquefois du resserrement de la glotte, ce qui arrive souvent lorsqu'on fait baisser la tête au cheval en le ramenant, et qu'il est rêné trop court; quand il procède d'une autre cause le mal est incurable, quoi qu'en disent bien des gens qui, dans la vue d'y remédier, s'avisent fort mal à propos de fendre les narines dans lesquelles il n'y a aucun défaut et qui n'ont aucune part à ce sifflement.

DIAGNOSTIC. — 1° On reconnait la pousse à la difficulté de respirer;

2° A l'élévation et à l'abaissement des fausses côtes en deux temps;

3° Au râlement ou sifflement;

4° A une matière tamponnée qui sort souvent par le nez. Cette humeur qui vient des vésicules du poumon s'amasse dans l'arrière-bouche ou dans la trachée-artère; lorsqu'elle y est en grande quantité, le cheval la jette par pelotons ou par flocons, le plus souvent en buvant.

En général, les trois premiers signes sont les

seuls caractéristiques de la pousse, si on n'y comprenait la fièvre qui n'existe pas dans cette maladie ; ce serait la confondre avec une autre. Cependant c'est une méprise dans laquelle ne tombent que trop souvent des maréchaux dont la réputation est établie, méprise toujours grave, mais qui l'est bien davantage lorsqu'ils sont nommés par le magistrat pour faire un rapport qui doit influer dans le jugement d'une contestation.

PRONOSTIC ET CURATION. — La pousse est très-difficile à guérir, pour ne pas dire incurable; on peut cependant l'adoucir par le régime, en retranchant au cheval le foin et en lui faisant faire un exercice modéré ; lorsqu'il râle et siffle, qu'il est gêné et rêné trop court, il faut le mettre à son aise. (*Hippiatrique*, par Lafosse).

8e. ESPÈCE CHEVALINE.

LE CORNAGE CHRONIQUE.

CORNAGE, SIFFLAGE, OU HALLEY. — Par ces dénominations synonymes auxquelles celle de sifflement serait préférable, on désigne un bruit sonore particulier, plus ou moins éclatant, qui résulte de la vibration de l'air contre les parois des conduits aériens, et que la respiration du cheval fait entendre pendant un exercice un peu vif, soit dans certaines maladies appartenant aux organes respiratoires, soit lors de certains vices de conformation de ces mêmes organes, soit enfin quand un obstacle quelconque s'oppose au libre passage de l'air dans les conduits qu'il parcourt. Le cornage n'est donc point une maladie spéciale, mais un symptôme particulier de plusieurs affections, de quelque défaut dans l'arrangement ou la disposition naturelle des voies de la respiration, ou de la présence de quelque corps introduit dans ces voies, où il gêne mécaniquement l'exercice des fonctions qu'elles ont à remplir.

Les affections des organes respiratoires dans lesquelles le cornage peut avoir lieu sont : le coriza, le catharre du voile du palais, les angines, surtout la laryngée et celle qu'on appelle gourme, la bronchite ou catarrhe pulmonaire, quelques pleurésies et pneumonies, l'épaississement de la membrane muqueuse du larynx, l'œdème de la glotte, et, quand la membrane muqueuse de ces parties se trouve engorgée et épaissie, la capacité des voies aériennes est diminuée et ne permet plus à l'air de pénétrer en aussi grande quantité à la fois ; obligé d'entrer plus vite, il produit un certain son plus ou moins rauque ou aigu, assez semblable à celui d'un cornet à bouquin et qui constitue le cornage. Le même phénomène peut encore avoir lieu lors de certains engorgemens plus ou moins considérable de l'auge, assez ordinaires dans ces sortes d'affections, lesquels, en comprimant les parties de la gorge, rétrécissent également le diamètre de l'ouverture par laquelle l'air doit entrer et sortir. Si l'inflammation aiguë qui constitue ces divers catarrhes passe à l'état chronique, elle se termine quelquefois dans certains points par induration, c'est-à-dire par une augmentation

permanente de volume dans la partie affectée ;
l'animal parait en bonne santé, mais il n'en demeure pas moins corneur pour le reste de sa vie ;
il est alors dans une position pareille à celle dans
laquelle le cornage serait dû à quelque vice de
conformation des voies aériennes.

Ces vices sont : l'étroitesse remarquable des
cavités nasales et du larynx ; l'aplatissement
des os de la tête, surtout sur les faces du chanfrein ; une disposition contre nature ; une fai-
blesse originelle du voile du palais, de la glotte,
de l'épiglotte ; le peu de diamètre de quelques
points de la trachée-artère ou des bronches ; le
ramollissement, l'aplatissement, une fausse position ou déplacement de quelqu'un ou de quelques-uns des cercles cartilagineux de la trachée ;
une ganache étroite ; une latitude de la tête et
de l'encolure qui gêne le mouvement du larynx,
comme dans les chevaux qui encapuchonnent
une poitrine étroite, faible défaut désigné par le
terme de côte plate ou serrée ; enfin, l'atonie
générale des organes respirateurs. Telles sont
les principales circonstances qui prédisposent
les chevaux à devenir corneurs ou gros d'haleine.

(*Dict. Vétér.* par Hurtrel d'Arboval.)

9e. ESPÈCE CHEVALINE.

LE TIC SANS USURE DE DENTS.

D'après ce qu'on en a dit et écrit, on a désigné
sous ce nom certains mouvemens anormaux dont
on pense que quelques chevaux contractent l'ha-

bitude, ce qui leur fait donner le nom de tiqueurs. De tous les animaux domestiques, le cheval est celui chez lequel ces mouvemens sont le plus remarqués ; il en est même très-souvent déprécié, et il est difficile, pour ne pas dire impossible, de le corriger de ce défaut, qui, au reste, peut varier de mode.

La manière la plus commune de tiquer du cheval consiste à se contourner l'encolure en arc, à s'encapuchonner en rapprochant le menton du poitrail, et à faire entendre au fond du pharynx un bruit particulier pendant l'action de manger, une espèce de rot, en appuyant fortement les dents incisives supérieures sur les corps solides que l'animal trouve à sa portée, même les plus durs, ou bien en serrant avec les incisives supérieures et inférieures l'auge, le ratelier et le limon d'une voiture, la longe du licol, le billot de celle-ci, quelquefois même le sabot du pied, ou autre objet qu'il peut saisir. Ce mode s'appelle tic d'appui, parce que dans l'action qui le constitue, le cheval prend un point d'appui sur les corps ou qu'il ronge ou qu'il serre. Quaud le tic d'appui existe depuis quelque temps le bord externe des dents incisives est usé en biseau et irrégulièrement, soit à l'une et à l'autre mâchoire, soit seulement à l'une des deux ; dans le cas où le cheval tique en se servant des incisives d'en haut et d'en bas, les pinces et les mitoyennes de dessus et de dessous paraissent usées ainsi ; dans le cas où il ne tique que des incisives de la mâchoire supérieure, les pinces et les mitoyennes de cette mâchoire sont seulemen rasées ; dans le cas, enfin, où il ne tique que des incisives de la mâchoire inférieure, l'usure des pinces et des mitoyennes de cette dernière le décèle. Assez ordinairement l'animal ouvre un peu la bouche et laisse tomber plus ou moins de salive, dont la sécrétion est augmentée par cette action de tiquer ; il est cependant beaucoup de chevaux qui ne perdent pas de salive en tiquant, ou qui en perdent si peu, qu'il est très-difficile de s'en apercevoir. On a remarqué que les chevaux tiqueurs maigrissent.

Quant à la question relative à la garantie générale, le tic doit-il être maintenu ou non au nombre des cas rédhibitoires? Les sentimens sont partagés ; les uns pensent que ce défaut, quand il existe depuis long-temps, est facilement reconnaissable en examinant l'âge, parce qu'il a des signes évidens qui doivent frapper l'acheteur ; qu'il est toujours aisé de reconnaître à l'inspection des dents incisives le cheval qui tique sur la mangeoire, sur la longe, sur le timon, sur l'avoine, parce qu'alors le bord externe des dents incisives est usé ; que l'ignorance de l'acheteur ne peut être invoquée, parce qu'on n'achète pas un cheval sans vérifier son âge, soit par soi-même ou par quelqu'un qui s'y connaisse, et que dès-lors le tic n'est plus caché. Les raisons qui militent en faveur des acheteurs, et par conséquent de la garantie, paraissent admissibles, surtout quand on réfléchit que si les dents des chevaux tiqueurs sont rasées irrégulièrement, il en est d'autres qui, sans jamais tiquer, sont dans le même cas lorsqu'ils ont contracté l'habitude de frotter leurs dents incisives au fond de la mangeoire pour ramasser les derniers grains d'avoine, ou lorsque pendant qu'on les panse ils mordent leur longe, la mangeoire ou le ratelier; or, dans les uns et les autres, les dents sont usées irrégulièrement, quoi qu'on en ait dit, et tous ceux qui achètent des chevaux ne sont pas tenus de le savoir, parce qu'ils n'ont pas fait d'études particulières de ces animaux, encore moins de leurs maladies. De quelque manière que le tic ait pris naissance, surtout s'il est ancien, il est difficile de le réformer. Considéré comme le résultat d'une habitude, les animaux, malgré leur instinct, n'ont ni la raison ni la volonté nécessaires pour le corriger; considéré comme le résultat d'une affection des organes digestifs, cette affection étant chronique, même très-ancienne, le plus souvent elle exigerait un traitement nécessairement long, d'une issue incertaine, peu en rapport avec la continuation des services pour lesquels nous avons nos animaux domestiques et particulièrement les chevaux.

(Dict. Vétér. par le même auteur.)

On appelle, en général, tiqueur, un cheval qui a contracté une habitude, pour ainsi dire, un mouvement perpétuel de la tête, ou du corps, ou des jambes; mais à proprement parler, un cheval tiqueur est celui qui met les dents de la mâchoire supérieure sur la mangeoire ou ailleurs, ce qui fait ouvrir la bouche et couler perpétuellement la salive; la perte excessive de cette humeur fait dépérir l'animal.

S'il tique en mangeant l'avoine, il faut le faire manger à part, attendu que celui qui est à côté mangerait tout; il y en a qui contractent cette habitude parce qu'ils lèchent souvent les murs, où ils trouvent fréquemment du salpêtre (ce qui est assez ordinaire aux chevaux).

10ᵉ. ESPÈCE CHEVALINE.

HERNIES INGUINALES INTERMITTENTES.

Déplacement partiel ou total d'un organe intérieur, et passage de cet organe, ou de quelqu'une des parties de la cavité qui le renferme, soit dans une cavité nouvelle, soit à l'extérieur du corps, telle est la définition générale actuellement admise par la chirurgie humaine, et que la chirurgie vétérinaire ne peut que gagner à adopter. Elle nous conduit préliminairement à considérer les hernies d'une manière générale, et abstraction faite des parties qui les forment, ainsi que des régions qu'elles occupent, sous les divers rapports du mécanisme de leur développement, et des effets qu'elles déterminent dans la cavité abandonnée par l'organe déplacé, dans cet organe lui-même, et dans ses nouvelles enveloppes.

HERNIE INGUINALE. Girard fils a démontré que la position horizontale du corps du cheval, et celle de l'orifice interne de l'anneau inguinal, doivent nécessairement rendre les hernies par cette ouverture beaucoup moins fréquentes que dans l'homme; aussi établit-il avec raison que,

3.

malgré les efforts violens et réiterés qu'exécutent les animaux, malgré les chutes graves et nombreuses auxquelles ils sont exposés, cet accident est infiniment plus rare ; on n'en a pas même d'exemple dans la jument, et cette différence doit être attribuée à l'étroitesse beaucoup plus marquée de l'anneau, et à l'élévation du bassin, telle que la masse intestinale, qui est portée beaucoup plus en avant dans le mâle. Cependant on rencontre la hernie inguinale sur le cheval, sur le mulet particulièrement ; elle est beaucoup plus rare dans l'âne. On se rappelle qu'elle consiste dans la sortie, par l'ouverture inférieure du canal inguinal, d'une portion d'intestin plus ou moins considérable, qui descend dans la gaîne du testicule ; c'est assurément là ce qui fait que les chevaux entiers y sont beaucoup plus exposés que les hongres, bien que ceux-ci n'en soient pas absolument exempts ; les exemples réellement en sont fort rares.

Les causes sont semblables à celles susceptibles de déterminer toutes les autres hernies, et consistent généralement en effort de la respiration, soit pour sauter un fossé ou franchir une haie, soit pour démarrer une voiture chargée, etc. Aussi cet accident arrive-t-il à la suite des efforts violens auxquels nous contraignons souvent les animaux dans le travail que nous exigeons d'eux ; il se manifeste généralement avec une grande promptitude, quelquefois tout-à-coup, à la suite d'un effort de cette nature, dans les chevaux de trait, d'un saut dans les chevaux de selle, et d'une chute violente dans les animaux destinés à l'un et à l'autre de ces deux services ; d'autres fois, il apparaît sans que l'animal ait été soumis à l'une ou à l'autre de ces causes, et paraît alors résulter d'un relâchement lent et successif, de l'anneau, d'un affaiblissement, d'une dilatation dans cette partie, laquelle finit par livrer passage à des portions de viscères qui descendent dans les bourses. Quand le développement de la hernie est rapide, il y a souvent étranglement, ce qui n'arrive que rarement quand l'affection se développe avec lenteur.

Dans les animaux monodactyles, c'est l'intestin qui fait hernie, et non l'épiploon, comme il arrive souvent dans l'homme et les carnivores, attendu que cet organe, dans les solipèdes, est court et peu graisseux, et se trouve fixé de manière à ne pouvoir s'étendre ; cependant l'épiplocèle n'est pas absolument impossible ; mais ce cas est extrêmement rare, et ne peut guère se présenter, dans les animaux de cette classe, que quand le déplacement a été précédé d'une rupture dans les carnivores ; au contraire, l'épiploon peut faire hernie par l'anneau inguinal, parce que cette duplicature membraneuse est longue et graisseuse, qu'elle recouvre toute la masse instestinale, et se prolonge jusque dans le bassin ; mais quand l'épiplocèle a lieu dans les carnivores, elle est moins dangereuse, moins sujette à l'étranglement, et, en supposant même celui-ci, le danger n'est pas non plus très grand, par la raison que l'on peut étrangler, retrancher même une portion considérable d'épiploon. A l'état simple, cette hernie peut se réduire et guérir spontanément, dans les carnivores; il peut y avoir aussi entéro-épiplocèle, c'est-à-dire hernie de l'intestin et de l'épiploon. Au reste, l'épiplocèle diffère de l'entérocèle, parce que ce n'est pas le même organe qui est sorti, parce que la tumeur qui résulte du déplacement d'une portion de la membrane péritonéale est oblongue, pâteuse, inégale, et ne fait entendre aucun gargouillement.

La hernie inguinale, qui se forme avec lenteur, est annoncée par une tuméfaction oblongue, indolente, médiocrement élevée; comme elle est due à un relâchement ou à un commencement de dilatation de l'anneau, elle est susceptible de disparaître spontanément, pour reparaître dans quelques circonstances. C'est ainsi qu'elle apparaît dans le travail, lorsque l'animal fait des efforts de respiration, et qu'elle disparaît lorsque le travail cesse, pour reparaître encore dans la même circonstance, pourvu toutefois que la portion intestinale déplacée ne soit pas trop considérable, ni ne descende trop bas par l'effet du mouvement ondulatoire de l'intestin. La hernie est alors, pour ainsi dire, chronique et incurable, et il peut même arriver une époque où elle se complique d'étranglement. La hernie récente, qui se manifeste tout-à-coup, se montre par une tumeur dont la base inférieure et le sommet correspondent à l'anneau; son corps, obliquement étendu du haut en bas et de dehors en dedans, a un diamètre plus ou moins considérable; comme toutes les hernies, cette tumeur devient plus saillante par les efforts et la toux.

Pour s'assurer de l'existence de la hernie, il s'agit d'abord d'examiner l'état des gaînes testiculaires, ainsi que des cordons. La hernie inguinale est toujours une maladie fort fâcheuse dans les animaux, et d'autant plus dangereuse qu'elle est plus considérable, plus ancienne et accompagnée de phénomènes et de complications plus graves. Lorsqu'on n'a pu parvenir à la réduire dans le principe, ou qu'on n'a pas été appelé à temps pour le faire, elle est susceptible d'augmenter par le fait des services que l'on continue d'exiger de l'animal, et même de devenir irréductible, tant par les proportions de son volume que par les adhérences qu'elle peut contracter. Le cours des résidus alimentaires est toujours plus ou moins gêné dans la portion intestinale qui fait hernie; l'animal a des troubles dans la digestion, a des coliques plus ou moins vives, même a l'engouement, et l'étranglement de la hernie, d'où suit l'interception des matières, leur accumulation au-dessus de l'obstacle, l'inflammation des parties voisines de celles qui souffrent, etc.

Le traitement des accidens de ce genre est connu; mais il n'est pas toujours heureux, il l'est même rarement.

Toutes les fois qu'il s'agit d'une hernie que nous avons appelée chronique, d'une hernie qui paraît et disparaît suivant que l'animal est en repos ou en exercice, comme il peut arriver une époque où toute réduction est impossible et où l'animal périsse, il importe de prévenir ce malheur en empêchant la hernie de se renouveler, ou au moins de diminuer l'ampleur de la poche, afin qu'il ne puisse plus descendre une portion étendue d'intestin, de telle sorte que la réduction spontanée soit toujours possible en raison de la poche.

On reconnait la hernie inguinale en ce que le cheval se tourmente, se tient sur le dos ; et en y portant la main vers l'aîne, on sent une grosseur sensible qui embrasse le cordon spermatique.

(*Dictionnaire vétérinaire* par le même auteur.)

11°. ESPÈCE CHEVALINE.

LA BOITERIE INTERMITTENTE POUR CAUSE DE VIEUX MAL.

CLAUDICATION. — Action de boiter, décelée par des positions ou des mouvemens auxquels l'animal est déterminé machinalement, pour s'épargner la douleur ou la réduire au moindre degré possible. La claudication n'est pas une maladie, mais seulement une infirmité ou un symptôme qui peut dépendre d'un grand nombre d'affections ou d'accidens. Le plus grave inconvénient qu'elle présente est de rendre la marche pénible et de nuire ainsi au service que nous exigeons des animaux ; on ne parvient à la guérir qu'autant que la maladie ou l'accident dont elle dépend est lui-même curable. Chabert et Fromage de Feugré ont imprimé un travail sur les différentes claudications, leurs divers degrés, leurs signes dans le cheval boiteux, soit en repos et en station, soit dans la marche, les attentions générales qu'elles exigent pour les prévenir et les causes de celles qui sont très-graves et incurables. Nous allons extraire de leur travail ce qui suit :

Les degrés de claudication varient en ce que l'animal feint seulement, boite tout bas, ou ne marche qu'à trois jambes; dans le repos même, il soulage le membre souffrant en renvoyant le pied du corps, en totalité ou en partie, sur les autres; quelquefois ce membre est plus fléchi, quelquefois plus étendu, mais toujours il est moins chargé. Si deux membres sont souffrans à la fois, l'animal les soulage tour à tour, mais l'appui est toujours moins long sur le membre affecté; si ce sont les deux membres antérieurs qui souffrent, l'animal porte le plus possible en avant les deux pieds de derrière, et tient la tête haute; il la porte bas et engage les pieds de devant sous le centre de gravité, si les deux membres postérieurs sont douloureux.

Le point souffrant d'où procède la claudication se manifeste quelquefois par des plaies, des ulcères, des tumeurs, ou bien le tact y distingue de la chaleur, la pression des doigts y fait développer une certaine sensibilité qui le décèle; mais souvent il est difficile de reconnaître que le cheval boite, de quel membre il boite, et quel est précisément le siége de la boiterie. Voici les principaux moyens d'être éclairé sur ce point.

L'animal, considéré pendant l'action de marcher, renvoie le moins possible de la charge du corps sur le membre souffrant, et il s'appuie le moins qu'il peut; ce membre fait son lever le plus vite, son soutien le plus long, son poser le plus tardif et son appui le plus court qu'il est possible; au contraire le membre correspondant à celui qui est malade fait son appui le plus long, et les autres temps les plus courts possible, afin de venir promptement au secours de son coopérateur. Si le mal est léger et qu'il existe à un membre antérieur, la tête s'élève dans l'instant où il fait son appui, et la charge se prolonge sur le bipède diagonal opposé; si la douleur est très-vive à un membre antérieur, l'animal tient le pied levé, renvoie la charge sur les membres postérieurs, s'enlève et saute du pied antérieur sain; si c'est à l'un des membres postérieurs que la douleur existe, la tête s'abaisse à l'instant où le membre fait son appui, le poids du corps pèse le plus possible sur le devant, l'autre membre postérieur accélère son poser pour prolonger son appui, et l'appui du pied malade est toujours accompagné d'un abaissement de la croupe, pour éviter que le membre ne porte sa part du poids du corps. Le cheval rejette aussi son corps sur le côté sain; c'est ainsi qu'on distingue si la claudication siége à un membre du devant ou à un membre postérieur, et si elle dépend du droit ou du gauche. Dans les claudications légères, dont le siége ne se distingue pas d'abord suffisamment, au lieu de faire marcher le cheval au pas sur un chemin de sable ou de terre, on le fait partir au trot sur le pavé, et l'on a soin que le conducteur, courant à pied, le tienne du bout des rênes du bridon. On se trouve d'abord en arrière, puis en face du cheval; ensuite on se place de manière à le voir trotter de côté et même en cercle, avec changement de main. Il est des claudications passagères qu'on n'aperçoit point, à moins que le cheval n'ait un peu marché; il en est d'autres, au contraire, qui disparaissent quand l'animal a été exercé, qu'il est ce qu'on appelle vulgairement échauffé pour venir après qu'il s'est refroidi, c'est-à-dire après le repos qui succède à l'exercice.

Le membre boiteux une fois reconnu, il s'agit encore de déterminer quel est le point où existe la souffrance. Si c'est un membre antérieur, il arrivera souvent que ce point sera l'épaule ou le pied. Dans le premier cas, et à moins que la claudication ne soit très-forte, le cheval, en marchant ou trottant, lève peu la tête pendant l'instant de l'appui, et souvent il décrit une courbe plus ou moins grande en avançant l'extrémité boiteuse, ce qu'on appelle faucher; on peut alors soupçonner un écart. Dans le second cas, et à moins d'un mal très-apparent dans le reste du membre, la douleur est le plus souvent au pied. Quand on a lieu de soupçonner la cause de la claudication dans un pied, il faut l'y chercher, après l'avoir déferré, soit en reconnaissant le trou, s'il y a piqûre, clouderne, ou autre corps étranger, soit en pinçant les bords du sabot avec

4

les tricoises, soit en appuyant sur les parois et sur la sole, le bout du manche du brochoir. Si le cheval a été ferré depuis peu, il y a peut-être une piqûre, le pied est serré, ou la sole brûlée ; si la ferrure est ancienne, que ce soit un pied de devant, long, sec aux talons, il peut y avoir une bleime, une ulcération à la fourchette ; enfin sans avoir égard à la ferrure, on peut reconnaître un javart, une seime, un crapaud, la fourbure, etc. Un soin important lorsqu'on déferre un pied boiteux est d'arracher les clous l'un après l'autre, à mesure qu'on a cassé les rivures, afin de ne pas causer d'ébranlement, toujours douloureux et inutile : pour peu qu'il y ait d'obscurité dans la reconnaissance du point malade, on amincit la sole dans toute son étendue, jusqu'à ce qu'elle fléchisse partout sous la pression du pouce, et l'on explore ensuite comme il a été dit. On examine s'il ne s'est pas glissé quelque parcelle de fer, enfoncée profondément et cachée par les couches extérieures de la sole ou de la fourchette. L'endroit le plus dangereux est depuis la pointe de la fourchette, où la lésion peut intéresser l'articulation du dessous du pied ; étant profonde, elle est aussi fort grave. Si le siége de la claudication ne se trouve pas dans le pied, on le cherche aux autres parties du membre ; il est quelquefois indiqué par une tumeur, une plaie, de la chaleur, la raideur des mouvemens du membre, la difficulté de le lever, etc.

Les claudications dites de vieux mal appartiennent à la classe de celles dont le siége est obscur et occulte. Quelques-unes viennent de ce qu'on n'a pas traité ou de ce qu'on a mal traité les lésions que nous avons citées; d'autres ont pour cause des défectuosités des pieds, des exostoses (surtout près des ligamens capsulaires et des tendons), des tuméfactions aux tendons, des tumeurs synoviales, qui peuvent accompagner les autres altérations; mais le genre de claudication dont le siége est réellement occulte consiste dans celles qui dépendent d'une affection rhumatismale. Il faut avertir que, dans toutes celles dont le siége n'est pas apparent, le raffinement des maquignons en porte quelques-uns à tromper les acheteurs, en faisant aux chevaux qu'ils mettent en vente une légère blessure à laquelle ils l'attribuent; cette friponnerie devrait être punie.

C'est dans le cheval que les claudications surviennent le plus souvent, soit par des vices de conformation, soit par le travail forcé auquel on le soumet avant l'état d'accroissement par ce fait, soit parce que les chevaux, ceux de selle surtout, sont dans deux alternatives également funestes : l'une, d'être longtemps dans l'inaction, l'autre, de faire quelquefois des courses répétées au galop sur le même pied. On a soulagé ou redressé en les galopant également à gauche et à droite, et des chevaux de carrosse, dont l'un était toujours de même sous la main, l'autre toujours hors la main, en les attelant l'un à la place de l'autre.

Les claudications très-douloureuses causent

de l'abattement, de la fièvre, de l'anorexie et quelquefois l'atrophie de la partie affectée; les douleurs sont toujours plus fortes, plus longues et plus difficiles à guérir dans les membres postérieurs. On fait remarquer que le membre boiteux, ne pouvant soutenir sa part de la masse, elle est rejetée sur les membres sains, particulièrement sur le bipède diagonal opposé; et si la maladie est longue, le pied qui se trouve le plus délicat et l'autre successivement éprouveront une surcharge ruineuse, en supportant tout entier un fardeau qu'ils ne doivent que partager; on n'obvie souvent que très-incomplètement à cet inconvénient en raccourcissant les pieds sains, les ferrant à l'aise et appliquant des topiques émolliens, aidés au besoin d'un traitement antiphlogistique, s'il y a de l'inflammation et de l'engorgement au pied ou aux parties environnantes. (*Dictionnaire vétérinaire* par le même auteur.)

1re. ESPÈCE BOVINE.

LA PHTHISIE PULMONAIRE OU POMMELIÈRE.

La phthisie pulmonaire dans la vache est due à une inflammation chronique du poumon et quelquefois des plèvres; c'est cette phlegmasie, dans laquelle consiste la maladie, qui détermine la formation des tubercules, lesquels en se ramollissant constituent des vomiques, donnant lieu à des ulcères et au développement d'une inflammation aiguë qui est suivie de la mort.

Parmi les noms singuliers qu'on a donnés à la phthisie pulmonaire des vaches, celui de pommelière est le plus généralement consacré, à cause des concrétions tuberculeuses qui se remarquent aux poumons, et qu'on prétend ressembler un peu à des pommes de terre. Il est tems de faire disparaître ces dénominations vicieuses de notre nomenclature vétérinaire, et de les remplacer par d'autres plus en rapport avec les progrès croissans de la science ; c'est pourquoi nous n'emploierons ici d'autre expression que celle de phthisie pulmonaire, ou simplement de phthisie.

La maladie ainsi nommée est mise, à l'égard de la vache, au nombre des cas rédhibitoires. La phthisie pulmonaire des vaches est considérée comme une vieille maladie de poitrine, une maladie qui peut être cachée au moment de la vente, qui recèle des causes de mort apercevables seulement à l'autopsie cadavérique, et que le commun des acheteurs ignore certainement au moment où il achète.

La phthisie pulmonaire sur les vaches est assez commune. Elle est due, généralement parlant, à une inflammation lente, chronique, souvent répétée du poumon, et on le conçoit dans les bêtes organisées de telle sorte qu'elles n'ont ni la force de contracter une affection franchement inflammatoire, ni celle de résister aux premières atteintes du mal.

On attribue généralement le développement de la maladie à la manière dont les vaches sont nourries, à leur régime, à leur logement, à l'usage auquel on les soumet, etc. Mais il est d'autres causes que l'on peut considérer comme prédisposantes, ce sont les prédispositions que les bêtes prennent dans certains pays où elles naissent et qu'elles habitent ; et lorsqu'on transplante ces bêtes, elles apportent avec elles ces prédispositions des pays d'où on les retire, menacées déjà avant l'âge de leur grande force, transférées à Paris ou dans les environs, exténuées par les marches forcées auxquelles les réduisent les maquignons pour arriver à la ville au lieu des marchés, dans un état avancé de gestation, puisqu'elles sont souvent pleines de huit à neuf mois quand on les vend, fatiguées et mal nourries en route, maltraitées, recevant des coups, des heurts, qui déterminent même l'avortement en accélérant le moment de la parturition : ne sont-ce pas là autant de causes susceptibles de mal disposer les objets, et de hâter en eux le développement de la maladie dont ils sont menacés ?

Les symptômes ne sont pas très multipliés. Le premier qui se présente est le hérissement du poil et la sécheresse de la peau ; il s'observe un ou deux mois après qu'une vache, nouvellement achetée par le nourrisseur, est soumise au régime et à la gouverne. Une toux légère se manifeste d'abord de loin en loin, et devient par la suite plus fréquente ; elle n'est pas sèche et sonore comme la toux ordinaire ; elle est faible, rauque, ressemblant à un râlement trainé, pé-

nible, râlement suivi d'expectoration ou flux par
les naseaux, au moins dans les commencemens,
et ne paraît résulter que de l'expulsion lente de
l'air que renferme le poumon et dont le passage
peut être gêné; cette toux est particulière à la
maladie, elle a un caractère spécial qui lui est
propre; il faut l'avoir entendue pour s'en former
une idée exacte, mais ensuite on peut la reconnaître aisément. Ce phénomène est longtemps, et
quelquefois même pendant plusieurs années le
seul qui annonce le commencement de la phthisie pulmonaire, et la lésion du poumon qui la
détermine; du reste, les bêtes malades paraissent
saines, toutes les autres fonctions paraissent se
faire chez elles comme dans l'état normal. Les
individus acquièrent même de l'embonpoint, et
cet état peut se prolonger plusieurs années, et
persister jusqu'à une époque où des causes particulières viennent déterminer une inflammation
aiguë du poumon, telles que le renouvellement
des saisons, les chaleurs étouffantes, le grand
froid, l'humidité abondante, ou bien l'usage des
fourrages altérés ou nouvellement récoltés; alors
l'embarras du poumon augmente, la surexcita-
tion y arrive, et, dans ce cas, le dégoût, la tris-
tesse, le froid alternatif des cornes et des oreil-
les, la diminution, l'altération et la suppression
du lait, l'accélération du pouls, le battement des
flancs, le frisson, la sensibilité du thorax à
sa partie antérieure et derrière les coudes, la
cessation de la rumination, annoncent une phlegmasie de poitrine qui n'a pas toujours ou qui

n'a pas longtemps le caractère aigu de la pneumonie ordinaire. Si les vaches résistent, les symptômes diminuent peu à peu d'intensité, disparaissent même ; la toux seule subsiste, bien que l'animal paraisse se rétablir ; mais les mêmes phénomènes se renouvellent à des distances plus ou moins éloignées, et ne se terminent jamais sans laisser l'organe pulmonaire un peu plus malade qu'auparavant. Une vache peut éprouver plusieurs de ces retours successifs, qui déterminent chacun une désorganisation plus ou moins grande du poumon ; d'où il résulte que, après plusieurs attaques, l'organe essentiel de la respiration est dans le plus mauvais état, et que la fonction importante dont il est chargé s'exécute d'une manière incomplète. On a remarqué que les vaches phthisiques sont presque constamment en chaleur, et que, lorsqu'elles ont été saillies et fécondées, elles recherchent néanmoins le taureau ; celles qui retiennent sont sujettes à l'avortement. Dès qu'une bête a déjà eu plusieurs des paroxismes dont il vient d'être question, attendu l'état dans lequel est réduit le poumon, la maladie fait des progrès plus rapides, la respiration devient plus courte, l'inspiration est pénible et se ralentit, tandis que l'expiration s'accélère ; le pouls devient lent, et les battemens du cœur sont plus forts que dans l'état naturel.

Lorsque les vaches conservent une certaine vigueur, ce qui est rare, ou lorsque leur poumon a déjà été lésé par plusieurs retours de la phlegmasie aiguë, la maladie marche encore plus rapidement; la maigreur est opiniâtre et va toujours en augmentant, la toux est fréquente, quelquefois grasse; le dos est raide, soulevé en arc; le pouls est plus lent, et les symptômes appelés fièvre hectique sont bientôt sensibles; la respiration est agitée et pénible, et les battemens du cœur sont de plus en plus rapprochés; à ces symptômes se joignent encore un mâchonnement presque continuel, un grincement de dents répété, l'écoulement par la bouche d'une bave visqueuse d'une odeur fétide, celui par les naseaux d'un liquide limpide, quelquefois ichoreux, d'autres fois sanguinolent, ou de couleur de chair lavée, lequel liquide, comme l'air expiré, répand une odeur cadavéreuse très prononcée.

La fin de l'animal s'annonce par la difficulté extrême de marcher, par la pâleur très prononcée de la surface muqueuse des narines, des lèvres et de l'intérieur de la bouche, par le resserrement de la peau sur les os; quelquefois par la crépitation des tégumens, le long de l'épine, par le déssèchement des ars, par les rides aux mamelles; enfin, si l'on ne prend le parti de sacrifier l'animal, son reste de vitalité l'abandonne et il succombe d'une manière assez paisible. La mort le saisit souvent un instant après qu'il a mangé; l'appétit subsiste autant que la vie; il est cependant vrai de dire que la bête ne peut saisir que les alimens qui sont dans la mangeoire et tout à fait à sa portée, ne pouvant ni lever ni baisser la tête pour les atteindre. (*Dic. Vétér.* par le même auteur.)

2ᵉ ESPÈCE. — L'ÉPILEPSIE OU MAL CADUC.

ÉPILEPSIE. — Mal, nommé autrement haut mal et mal caduc, qui consiste dans une convulsion de tout le corps ou de quelques parties, accompagnée d'une privation de sentiment et de connaissance, et qui revient par accès ou paroxismes, sans laisser aucun souvenir de ce qu'on a senti. Il y a plusieurs degrés d'épilepsie. On appelle épileptique celui qui est atteint de cette terrible maladie. (*Voyez* ce mot parmi les vices rédhibitoires des chevaux, page 30.)

3ᵉ ESPÈCE. — LES SUITES DE LA NON DÉLIVRANCE.

DÉLIVRANCE. — Sortie du délivre ou arrière-faix, c'est-à-dire du placenta et des membranes du fœtus, de la cavité de l'utérus et du vagin. Ce travail, qui fait partie de la parturition, en est la terminaison et le complément; le plus ordinairement il a lieu spontanément, par les seules forces de la nature, quelques heures après la mise bas. Mais d'autres fois il tarde plus ou moins à s'opérer; il arrive même que les enveloppes fœtales restent quelques jours, quelques semaines; alors elles se putréfient, répandent une odeur infecte, et deviennent cause de dérangemens quelquefois graves; c'est alors seulement que l'art devient nécessaire pour rendre la délivrance plus facile, plus rapide, et même pour l'opérer entièrement. La sortie spontanée du placenta et des membranes du fœtus est contamment précédée du décollement de ces parties que les contractions de la matrice amènent au dehors. Elles restent souvent pendantes quelque temps, n'étant pas encore entièrement détachées ; souvent il suffit, dans ce cas, de suspendre un poids au cordon ombilical, ou d'opérer sur lui de légères tractions, pour obtenir la chute du tout ; mais il importe que la force de ces moyens soit très-modérée, afin de ne pas déchirer le cordon ni de violenter ses parties, et surtout de rompre les enveloppes en tirant trop fort sur elles ; car la partie demeurée pourrait rentrer, et l'acte de la délivrance en serait beaucoup plus difficile ; en outre, des tractions de ce genre exposeraient à renverser la matrice, ou tout au moins à irriter d'une manière grave les points de sa surface interne par lesquels elle adhère encore au placenta. A cet égard il convient d'attendre, pour tirer, les momens où l'utérus se contracte et fait effort pour se débarrasser et de ne point augmenter notablement les douleurs de la femelle en tirant le délivre. Quand ces moyens ne suffisent pas, et quand on reconnaît que la délivrance spontanée ne peut avoir lieu, il s'agit d'aider la nature à l'opérer. Pour cet effet, on se coupe les ongles, on enduit la main et le bras d'une huile douce, on pénètre dans la matrice entre la face interne de cet organe et de la face externe du placenta, on fait doucement agir la main en tous sens dans la circonférence de la cavité utérine, on détache d'abord les cotylédons, ou en passant d'abord entre les doigts et en pressant légèrement dessus ; puis, passant de l'un à l'autre on parvient ainsi successivement à détacher entièrement le placenta, qu'on tire ensuite au dehors avec assez de facilité ; on examine s'il est bien entier, afin de s'assurer qu'il n'en est demeuré aucune partie dans l'utérus. C'est tout ce qu'il y a à faire quand on n'a pas trop fait souffrir le femelle ; mais si on l'a tourmentée long-temps, si on lui a causé des douleurs, il convient de faire des injections émollientes et légèrement détersives dans le vagin, des fumigations de vapeur aqueuses sous le bassin et des fomentations adoucissantes sur l'abdomen, même pratiquer des saignées du plat de la cuisse, lorsque les douleurs paraissent un peu vives, et qu'il y a réaction fébrile. Ces mêmes moyens suffisent quelquefois pour favoriser l'expulsion désirée.

(*Dict. vétér.* par le même auteur.)

4ᵉ ESPÈCE. — LE RENVERSEMENT DU VAGIN OU DE L'UTÉRUS.

PARTURITION, ACCOUCHEMENT, MISE EN BAS. — Action par laquelle le produit de la conception, parvenue au terme de son développement, est expulsé de la cavité utérine à travers les voies génitales. Les femelles accouchent ordinairement d'elles-mêmes, par les seuls secours dela nature.

A la suite de la parturition, comme à la suite de l'avortement, le vagin et l'utérus peuvent être déplacés, ou même sortis, et présenter l'apparence d'une hernie. Comme ce déplacement ne peut avoir lieu qu'autant que les organes sont retournés ou renversés sur eux-mêmes, de telle manière que ce qui était interne dans l'état normal devient externe, on a nommé ces lésions renversement du vagin et de l'utérus ; cette dénomination toutefois n'exprime pas tout ce qu'on doit entendre par de tels accidens, puisque l'utérus notamment peut être sorti et pendre au dehors ; dans tous les cas les parties sont réellement déplacées, et c'est pourquoi nous adoptons de préférence l'expression de déplacement. En effet, ce déplacement n'est pas toujours porté au même point ; dans certains cas, le vagin seul est déplacé, en partie ou en totalité, et l'utérus n'est alors que porté en arrière plus qu'il ne devrait l'être, de même l'utérus peut se trouver amené davantage dans le bassin, à des degrés différens, et même s'être échappé par la vulve ; ces déplacemens peuvent se rencontrer chez toutes les espèces femelles domestiques, dans les circonstances prévues ci-dessus, plus communément cependant chez quelques-unes d'entre elles.

(*Dict. vétér.* par le même auteur).

1re. ESPÈCE OVINE.

LE SANG DE LA RATE.

MALADIE DE SANG, SANG DE RATE, LE SANG,

MOUROIS ROUGE. — Cette maladie inflammatoire des bêtes à laine, remarquable par la rapidité étonnante avec laquelle elle parcourt ses périodes, est généralement funeste aux individus qui en sont atteints, et consiste dans l'afflux et l'accumulation subite du sang dans les vaisseaux, en une pléthore qui se manifeste subitement dans les bêtes du troupeau par suite d'une augmentation dans la quantité et qualité des alimens. Rien ne peut faire présumer à l'avance qu'un animal va en être frappé ; tous les individus qui vont bientôt y succomber paraissent jouir d'une santé parfaite quelques instans avant la mort ; la vigueur, le bien-être, l'appétit, l'empressement à sortir de la bergerie, le bon état de la laine, de la peau et des membranes muqueuses apparentes, en un mot, tout ce qui indique une santé robuste, se remarque chez ces animaux quand tout-à-coup on les voit à l'extrémité, et mourir en deux ou trois heures. Cette maladie hémorrhagique affecte toujours les bêtes vigoureuses, les plus grasses, les plus belles, les brebis qui n'ont pas été fécondées. La bête, qui jusqu'alors n'avait présenté aucun symptôme maladif, s'arrête tout-à-coup, chancelle et est étendue ; la respiration devient laborieuse, la bête écume, tient la bouche ouverte ; elle râle, du sang s'échappe par les naseaux, l'anus, la vulve ; la bête se débat et meurt bientôt ; le corps se putréfie ensuite rapidement ; tels sont en masse les phénomènes de cette maladie, qui présente plusieurs variétés.

La maladie, dite de sang, a paru à quelques personnes peu différente de celle qui est enzootique dans la Sologne; l'une et l'autre, en effet, offrent plusieurs traits de ressemblance; mais elles diffèrent sous plusieurs rapports.

Les habitans des campagnes ont aussi désigné la maladie de sang sous le nom de sang de rate, fondée sur ce que, à l'ouverture des cadavres, on trouve communément la rate gorgée de sang; mais cet engorgement sanguin est le résultat de l'inflammation, et ne suffit pas pour donner à l'affection un nom qui indique que la rate en soit le siége. Ce qui est plus probable, c'est que ce qui s'observe dans la rate, aux autopsies cadavériques, n'est qu'un effet de maladie.

Le pronostic est on ne peut plus fâcheux; toute bête à laine attaquée est frappée à mort, il ne faut rien en attendre; tout remède est inutile; rien ne peut la sauver, le meilleur moyen pour ne pas tout perdre, est de tuer sur le champ le mouton qui tombe malade, afin que sa chair puisse être mangée, et elle pourrait l'être alors sans inconvénient; mais pour peu qu'on attende, et surtout si l'on approche du moment de la mort, la putréfaction commençant de très-bonne heure, et même quelques instans avant que la bête succombe, sa viande ne vaudrait plus rien, et l'on s'exposerait à ne rien sauver de sa valeur.

La conduite à tenir lorsque l'on est appelé pour visiter un troupeau de la maladie de sang, c'est d'abord de prévenir le propriétaire des événemens fâcheux qui surviennent en pareille circonstance, et ensuite d'indiquer les précautions et les moyens à mettre en usage pour prévenir le développement de la maladie chez les individus de la même troupe qui en sont encore exempts. La première chose à faire c'est le changement de canton, la translation du troupeau à une ou deux lieues, ou plus, s'il est possible, en tâchant que ce canton soit élevé à mi-côte, que les pâturages y soient peu abondans, les eaux saines et en assez grande quantité; le régime doit être observé; les alimens peu abondans, composés de paille hachée et aspergés d'eau salée; il faut faire dissoudre du sel ou du protosulfate de fer (couperose verte), ou de la boule de mars dans l'eau qui sert de boisson; on peut y mêler de la farine d'orge. Aux alimens secs de l'hiver, on doit ajouter des racines légumineuses, telles que betteraves, topinambours, pommes de terre, etc., et éviter de tenir les animaux dans une température trop élevée, de les exposer à l'ardeur du soleil, etc. La règle générale à suivre est de tâcher, tout en nourrissant convenablement, d'empêcher les bêtes à laine de devenir aussi grasses, aussi pléthoriques. La plupart des bergers, ainsi que les cultivateurs, veulent souvent économiser sur la nourriture pendant l'hiver, et dans l'été ils nourrissent volontiers avec excès, parce que cela ne leur coûte rien; c'est un très-mauvais calcul, qui est quelquefois payé bien cher, et d'où il résulte que les troupeaux ont une nourriture trop abondante qui succède tout-à-coup aux privations qu'ils ont éprouvées. Leurs organes digestifs s'altèrent, se fatiguent, se détériorent, s'irritent sous l'empire de ces alternatives d'abondance et de disette, et les maladies s'ensuivent. Si quelques bêtes dans le troupeau paraissent avoir acquis trop d'embonpoint, plus d'embonpoint que les autres, il faudrait les séparer, les mettre au régime et à l'usage des débilitans.

(Dict. vétér. par le même auteur).

2ᵉ ESPÈCE. — LA CLAVELÉE.

La clavelée se manifeste à l'extérieur par une phlegmasie cutanée, particulière à l'espèce ovine, suivie d'une éruption partielle ou générale de boutons qui s'enflamment, sécrètent un fluide particulier, se dessèchent et tombent. Ces boutons, très-remarquables, sont arrondis et plus ou moins saillans ; ils se montrent d'abord aux ars antérieurs et postérieurs, puis successivement à la face interne des avant-bras et des cuisses, au pourtour des yeux, au nez et aux lèvres, au bas du ventre, au-dessous de la queue, au fourreau, aux mamelles, dans la laine ; et finissent par se propager en plus ou moins grand nombre sur toute la surface du corps. On dit que dans beaucoup de sujets cette éruption boutonneuse devient intérieure, et se manifeste à la membrane muqueuse des estomacs et des intestins, ainsi que sur le poumon ; nous croyons qu'on s'est trompé, et qu'on a pris pour des boutons claveleux des follicules de la membrane muqueuse gastro - intestinale plus développée qu'à l'ordinaire. Quant à ce qu'on a regardé comme des pustules claveleuses sur le poumon, on n'a peut-être pas fait attention que, cet organe se trouvant sympathiquement irrité, les taches superficielles ou même profondes dont il est parsemé, ont pu s'élever et devenir plus rouges; nous avons vu de ces taches sur divers cadavres, et nous avons cru remarquer qu'elles n'étaient pas sans analogie avec les ganglions lymphatiques des bronches; mais elles ne nous ont pas présenté les véritables caractères du bouton claveleux; on peut en dire autant des autres altérations pathologiques analogues qu'on dit aussi avoir rencontrées sur le foie, la rate, les reins et autres viscères.

La clavelée survient indifféremment dans toutes les saisons de l'année, attaque indistinctement les bêtes vigoureuses et languissantes, commence cependant par les plus jeunes du troupeau, et se montre éminemment contagieuse. Elle n'affecte pas deux fois le même individu, mais elle détériore plus ou moins le troupeau qu'elle attaque, devient quelquefois très-funeste, et fait périr une grande partie des animaux qu'elle atteint.

C'est ordinairement en trois fois que la clavelée entreprend les troupeaux; lorsqu'elle commence, quelques individus seulement en sont attaqués, quelques autres le sont à leur tour, ainsi de suite, jusqu'à ce que le quart ou le tiers soit entrepris; puis la maladie reste latente pendant quelque temps, se montre ensuite sur de nouveaux animaux, et ainsi successivement jusqu'à ce que tous les individus composant le troupeau en soient atteints ; ce qui parait dépendre de ce que la clavelée n'est réellement contagieuse qu'à l'époque de la sécrétion des boutons, et non à celle de leur desquamation, comme on l'a mal à propos avancé. Toutes les bêtes à laine n'ont pas d'ailleurs la même aptitude à contracter la clavelée en même temps, parce qu'il n'y a pas uniformité de dispositions dans tous les sujets. Dans le cours régulier de la première invasion, qui est d'un mois environ, la contagion est circonscrite et la maladie légère, parce que les émanations peu considérables n'agissent que sur un petit nombre d'individus, et n'ont que peu d'intensité ; mais après le premier période, la majeure partie du troupeau est attaquée, et l'est en général plus gravement et plus long-temps que lors de la première apparition du mal. Ce phénomène n'est pas étonnant : les efforts de la contagion doivent s'accroître et s'aggraver en proportion de l'augmentation du nombre des animaux malades. Enfin, vers le commencement du troisième période, qui coïncide communément avec le troisième mois, une dernière invasion a lieu sur la partie du troupeau qui, jusqu'à cette époque, avait résisté à la contagion, et cette troisième invasion est constamment de la nature de la première, c'est-à-dire beaucoup moins meurtrière que la seconde. La raison en est que les individus qui ont offert le plus de résistance aux atteintes de la contagion sont ceux qui avaient moins d'aptitude à succomber à son impression continuellement agissante.

En général, le danger de la maladie se mesure sur le dégoût plus ou moins prononcé et sur le degré d'oppression. Les plaintes continuelles et le battement des flancs, pendant ou après l'époque de la sécrétion des pustules, annoncent presque toujours une mort prochaine; l'animal n'est jamais plus en danger de mourir que lorsque l'effet de l'irritation claveleuse se porte en plus grande partie à la tête ou sur les organes internes. Si les malades reviennent en pareil cas, la maladie est ordinairement d'autant plus longue et difficile qu'ils en ont été plus maltraités. Plusieurs d'entre eux ne reprennent jamais leur état premier de vigueur, restent chétifs toute leur vie, et ne peuvent jamais s'engraisser. Lorsque l'éruption boutonneuse ne se fait qu'imparfaitement, que les boutons restent petits, blanchâtres ou livides, peu nombreux, que leur délitescence a lieu, ou que l'inflammation est si considérable, que les boutons noircissent et se dessèchent sans éprouver de sécrétion, c'est presque toujours d'un pronostic très-fâcheux. La complication de la clavelée avec une autre maladie est aussi un cas très-périlleux, surtout si l'affection étrangère est atonique, comme celle qu'on connaît sous le nom de pourriture; presque toujours cette dernière complication présage la perte certaine du malade.

Le pronostic heureux de la clavelée se tire de l'exposé même de sa marche et de ses symptômes. Considérés dans leur succession exacte et régulière, l'appétit soutenu, la continuation ou la courte suspension de la rumination, et de la sécrétion claveleuse bien 'établie dans les boutons, annoncent constamment la guérison de l'animal, pourvu qu'il ne survienne ni flux nasal de mauvaise nature, ni gonflement considérable de la tête, ni aucun accident. Ceux auxquels on donne quelquefois ce nom, et qui consistent dans des dépôts on abcès extérieurs, sont souvent avantageux dans le cours de la maladie, comme tout ce qui tend à procurer une ample évacuation de matière. C'est peut-être pourquoi les boutons en larges plaques sont de meilleur augure que les autres.

Les cadavres exhalent une odeur fétide, et, lorsqu'on les ouvre, on remarque les particularités suivantes : méninges ecchimosées, vaisseaux de la méningite gorgés, congestion sanguine dans les sinus, congestion séreuse dans les ventricules, encéphale mou, déprimé, affaissé même ; substance cérébrale jaune, diffluente, quelquefois noirâtre, ce qui indique évidemment une complication d'encéphalite ; langue et membrane buccale décolorées ; quelquefois ulcérations au voile du palais, à l'épiglotte et à l'intérieur du larynx ; pituitaire épaissie, livide, engorgée, ulcérée, sphacélée ; congestion sanguine dans les sinus des fosses nasales ; membrane muqueuse de la trachée-artère enflammée, ulcérée, gangrenée; quelquefois concrétions albumineuses; fausses membranes, plèvres et quelquefois médiastin enflammés; épanchemens dans le thorax, même dans le péricarde; poumons flétris, diminués de volume, tuberculeux, hépatisés; cœur mollasse et pâle; surface interne du ramen grumeleuse; feuillet distendu, ses membranes sèches; caillette distendue par des gaz, les follicules muqueux de sa tunique interne plus ou moins développés; colon dans le même état; mésentère flétri, mou, infiltré; foie enflammé, tuberculeux, adhérent au diaphragme, sa substance d'un rouge vif et rugueuse, quelquefois d'un brun foncé; vésicule du fiel flasque, rétrécie, distendue, bleue ou noire; rate quelquefois volumineuse; épiploon terne, blafard, rougeâtre, offrant plusieurs altérations; reins pâles, décolorés, dépourvus de leur enveloppe graisseuse, leur surface parsemée quelquefois de petits corps blanchâtres.

Lorsque la clavelée est régulière, sa marche est extrêmement simple, et elle n'exige aucun traitement; on doit, dans ce cas, se contenter de quelques soins relatifs au régime, et d'éloigner toutes les causes capables de troubler le travail favorable de la nature; ainsi, l'on écartera soigneusement d'abord les charmes, les amulettes et tout ce qui tient au merveilleux, puis les recettes, les prétendus spécifiques et tous les médicamens, etc.

Pour prévenir le développement de la clavelée, il faut : 1° écarter soigneusement des troupeaux sains les personnes, les animaux de toutes espèces, et même les substances inanimées ou inertes qui, directement ou indirectement, ont pu avoir quelques rapports avec les animaux ou les lieux infectés; 2° ne jamais conduire ou laisser passer un troupeau sain sur des terrains ou chemins fréquentés par des troupeaux claveleux, la contagion pouvant avoir lieu dans cette circonstance, par la matière animale que la troupe infectée a pu déposer, et qui est susceptible de conserver assez d'activité pour donner la maladie aux bêtes saines; 3° autant que possible, faire soi-même les élèves nécessaires au recrutement de la troupe, ou du moins n'acheter que dans des troupeaux connus, et non aux foires, ni aux marchands de profession; 4° cantonner rigoureusement les troupeaux attaqués à deux cents mètres au moins de tout endroit habité et de tous lieux destinés à la pâture, en traçant, au moyen de bonnes haies doubles de clôture, à une certaine distance l'une de l'autre, des lignes de démarcation, et en invitant les communes limitrophes à en faire autant de leur côté; 5° éviter de resserrer les bêtes malades les unes contre les autres dans les locaux qui leur servent de logement, ce qui ne peut qu'aggraver la maladie et en rendre les suites plus malheureuses; 6° avoir, pour le choix et la mesure des alimens, les précautions que nous avons reconnues plus haut nécessaires; 7° percer des jours au haut des parois des bergeries qui en manquent, afin d'y procurer des renouvellemens et des courans d'air ; éviter que des fourrages y séjournent, même lorsqu'ils sont tassés sur des pièces de bois brut, de forme arrondie, qui font office de soliveaux, et tiennent lieu de plancher ; 8° tenir les chiens à l'attache, surtout ceux de berger, dès qu'ils ne sont plus employés à la garde des troupeaux ; 9° entretenir les bergeries dans une exacte propreté ; 10° n'acheter de nourriture pour le troupeau que chez des propriétaires connus pour être exempts de la clavelée, ou mieux encore, n'en vendre ni acheter s'il est possible ; 11° éviter, ainsi que nous l'avons déjà recommandé, les saignées de précaution, les secrets et les remèdes ; 12° enfouir les bêtes claveleuses mortes, ainsi que leurs peaux et leur toison, à une profondeur convenable ; 13° purifier avec soin les bergeries, à l'aide des procédés qui sont indiqués au mot désinfection ; 14° et enfin, si la clavelée prend un caractère enzootique ou épizootique, solliciter l'intervention de l'autorité administrative pour ordonner des cantonnemens, suspendre temporairement la circulation et le commerce des bêtes à laine, etc.

(*Dictionnaire vetérinaire* par le même auteur.)

Des fins de non-recevoir contre l'action rédhibitoire.

Il y a deux fins de non-recevoir contre l'action rédhibitoire : l'une résulte de la convention, l'autre du laps de temps.

Lorsque par le contrat de vente il a été convenu que le vendeur ne serait point garant d'aucun vice de la chose, ou bien qu'il ne serait point garant d'un tel vice, cette convention opère une fin de non-recevoir contre l'action rédhibitoire.

Si, néanmoins, l'acheteur pouvait justifier que le vendeur, lors du contrat, n'avait pas un simple doute sur ces vices, mais en avait une parfaite connaissance, comme en ce cas le vendeur aurait été coupable de mauvaise foi, de les avoir dissimulés, l'acheteur serait recevable, nonobstant la convention, à former l'action rédhibitoire ; car si on lui opposait l'exception résultant de la convention, il détruirait cette exception en opposant à son tour la réplication du dol.

Il résulte une fin de non-recevoir contre l'action rédhibitoire du laps de temps que l'acheteur a laissé écouler sans l'intenter.

POUR LE PORC.

LA LADRERIE.

Autrefois ce mot était synonyme de lèpre. On ne s'en sert aujourd'hui que pour désigner une maladie particulière au cochon domestique qui est encore vulgairement nommée *noselerie*, *pourriture de Saint-Lazare*, etc.

Elle est caractérisée par le développement dans le tissu cellulaire des vésicules, dites ladres, qui se manifestent sous forme de granulations blanches de forme ovoïde.

Ces vésicules ne sont autre chose qu'une espèce de vers intestinaux désignés par Rudelphi sous le nom de *cysticerque* ladrique (*cysticercus cellulosa*).

Dupuy prétend que ce ver est du même genre que celui qui se trouve souvent dans le cerveau du mouton et qui cause le tournis. Il fait cependant observer que l'hydatide cérébrale de l'espèce ovine acquiert toujours un volume beaucoup plus considérable que l'hydatide du cochon ladre, et qu'on a même vu la première de la grosseur d'un œuf de pigeon, tandis que les plus grosses vésicules de ladrerie ne passent guère celle d'un pois. Le ver qui occasionne le tournis se produit encore de celui qui produit la ladrerie, en ce que ce dernier est toujours seul dans un double sac dont l'intérieur est adhérent par la base, tandis que l'autre n'a point de vésicule propre visible, et vit au contraire en nombre plus ou moins grand sur une vésicule commune.

A l'extérieur, aucun signe extraordinaire certain ne déclare la présence des vésicules ladres. Le seul auquel on s'attache exclusivement pour reconnaître et constater l'existence de la maladie, est le phénomène des lésions qu'on observe quelquefois sur la langue. Bien que ces lésions ne soient pas constantes, bien qu'elles puissent ne pas se rencontrer chez des porcs, d'ailleurs ladres à l'excès, elles servent exclusivement aux experts pour prononcer sur le fait de la ladrerie dans les foires et marchés; mais alors que ce phénomène extérieur se manifeste, il n'est souvent que l'annonce de plus grands désordres dans les organes. On parle aussi de l'enflure des ganaches, niée par les uns, avouée par d'autres; nous confessons ne l'avoir point remarquée dans les cochons ladres que nous avons observés; toutefois, nous livrons notre remarque pour ce qu'elle peut valoir, et sans prétendre qu'elle doive faire loi, ni entraîner la conviction.

L'histoire de la ladrerie est encore peu avancée, et l'on doit accueillir tous les élémens propres à guider dans son étude. Elle paraît commencer par un état de langueur et de débilitation générale apparente, et cet état est marqué par la densité, l'épaisseur de la peau, le peu d'adhérence des soies, par le développement d'une quantité plus ou moins grande de vésicules, lesquelles sont disséminées dans les diverses parties du tissu graisseux à sa surface, dans l'interstice des muscles, sous la tunique des viscères, sur les côtés de la langue, etc.

Les usages économiques du cochon ladre, et la surveillance qu'il réclame de la part de la police, méritent aussi notre attention. Ce cochon est plutôt boursoufflé que gras, et c'est en vain qu'on redouble de dépenses pour l'engraisser, jamais il ne prend un bon lard. Le mieux est de le sacrifier, tel qu'il est, pour la consommation, sans donner le temps à la maladie de suivre sa marche; sa chair n'est pas absolument mal saine, si on la consomme le plus tôt possible; elle est molle et fade, le lard en est blanc et sans consistance ; c'est une viande sans goût, qu'on vend à bas prix, ou qu'on abandonne aux indigens, lesquels en mangent beaucoup sans qu'il en résulte aucun effet nuisible, surtout lorsque la maladie n'est pas arrivée au dernier degré. Le bouillon que l'on fait avec de telle viande est blanc, peu savoureux, et doit être jeté. On a dit que l'ingestion de cette mauvaise substance alimentaire occasionnait à l'homme des vomissemens, la diarrhée ; mais il paraît que l'excès qu'on en fait peut seulement incommoder. Au reste, les parties altérées dans lesquelles on remarque des vésicules ladres, en grand nombre, décrépitent sur le gril, et les grains croquent sous la dent quand on les mâche.

En somme, tous les produits du cochon ladre constituent une mauvaise substance alimentaire, qui, d'ailleurs, prend très-mal le sel et se gâte assez vite. Elle est avec raison proscrite pour les salaisons destinées aux gens de mer, et les réglemens de police en prohibent le débit. On avait même créé, sous Louis XIV, des charges, sous le nom de conseillers du roi jurés langueyeurs de porcs, dont les fonctions étaient de s'assurer, par l'inspection de la langue de l'animal, si les cochons amenés au marché n'étaient pas atteints de la ladrerie. Pour faire revivre ces charges, les réglemens qu'ils avaient pour objet méritent d'être maintenus, en ajoutant toutefois, aux instructions des experts, non à cause du danger de l'usage de la chair du cochon ladre pour la consommation, mais parce que cette chair étant d'une qualité inférieure, c'est un délit de la vendre comme bonne à ceux qui ne savent pas la reconnaître ; c'est sûrement par ce motif que la ladrerie était réputée cas rédhibitoire dans les coutumes de Paris, Orléans et autres ; ne serait-il pas à propos de continuer la jouissance de cette garantie ? Le mal est grave et incurable, il fait perdre considérablement de la valeur de l'animal, le genre d'altération qui le constitue n'est pas toujours suffisamment apparent : il faut, pour le reconnaître, une habitude que n'ont pas le commun des acheteurs ; il nous paraît donc qu'il serait d'une police vigilante d'appliquer au commerce des cochons, relativement à la ladrerie, les articles 1641, 1643 et 1644 du Code civil. (*Dict. Vétér.* par Hurtrel d'Arboval.)

L'art. 1er du projet du gouvernement qui définit tous les vices rédhibitoires pour les différentes espèces animales, a donné lieu à un assez long débat, à la suite duquel la chambre des députés a supprimé de la nomenclature des vices rédhibitoires, pour la vente du porc, la ladrerie, et décidé qu'à l'avenir elle ne serait plus un cas rédhibitoire.

CHAPITRE III.

DES VICES OU DÉFAUTS CACHÉS DE LA CHOSE VENDUE.

CHAPITRE III.

—

DES VICES OU DÉFAUTS CACHÉS DE LA CHOSE VENDUE.

Les maladies internes, qu'on ne peut reconnaître que par un examen spécial, et qui empêchent l'animal de remplir le but de l'achat, s'il vient à périr dans le délai de garantie, sont au nombre des affections qui peuvent faire annuler les ventes; comme elles ne peuvent être reconnues qu'à l'ouverture des cadavres, leur existence fait naître, par conséquent, journellement un grand nombre de difficultés. On n'a pas mis au nombre des cas rédhibitoires toutes les maladies qui ne sont pas visibles, au moment de la vente; ce qui, quoique paraissant juste, est une source de contestations et de procès. (Recours au titre de la vente et garantie, *voyez* page 129, 2ᵐᵉ partie.)

Le bétail qui meurt quelques jours après la vente, dans le délai de garantie, est censé mourir d'une maladie qu'il avait déjà auparavant; néanmoins, comme les maladies du bétail sont quelquefois subites, et le font mourir en peu de temps, il est plus sûr de faire ouvrir l'animal et de le faire visiter par des experts, pour que l'espèce de la maladie dont il est mort soit certaine, et que l'on puisse juger du temps auquel elle a

5.

commencé, plus sûrement que par une présomption qui trompe dans plusieurs cas.

L'usage ordinaire est que l'acheteur, qui veut user de cette action, fait ouvrir et visiter l'animal par experts, après avoir requis le vendeur d'y être présent, et d'y amener de sa part des experts, ou qu'il prouve, par témoins, que l'animal était déjà malade lorsqu'on le lui a vendu, et qu'il n'a pu le connaître.

On n'a pas mis au rang des cas rédhibitoires les bestiaux borgnes ou aveugles; ce sont des vices capitaux, dont il est possible de s'assurer en essayant l'animal avant de l'acheter.

Il en est de même quand une vache heurte et se rue sur ceux qui en approchent, et qu'elle a pris l'habitude de se têter elle-même, *ainsi que l'on dit*. Le vendeur n'est point tenu des vices et défauts apparens que l'acheteur a pu remarquer, car c'était à celui-ci à y prendre garde et à bien visiter.

Nous croyons à propos de mettre à la suite les extraits du rapport et du discours prononcés au tribunat, en présentant le vœu d'adoption du Code civil, pour en déduire les motifs.

Extrait du rapport fait au tribunal par M. Faure, dans la séance du 12 ventôse an XII (3 mars 1804), sur le projet de loi destiné à former le livre III du Code civil; il a pour objet le contrat de vente, etc.

N° 27. Il s'agit maintenant de la garantie relative aux autres objets : elle résulte des vices de la chose vendue. La question de savoir si tel ou tel vice est rédhibitoire par sa nature dépend singulièrement de l'usage des lieux; la loi n'a pu donner sur cette garantie qu'une définition générale, à laquelle l'usage seul peut appliquer les espèces.

Quant aux dispositions d'après lesquelles la garantie a des effets plus ou moins étendus, ou même n'a pas lieu, malgré l'existence incontestable du vice, elles sont prises dans l'équité, comme presque toutes celles qui appartiennent aux contrats.

Ainsi, le vendeur n'est pas tenu de la garantie, si, lors de la vente, l'acheteur a connu les vices, ou s'il a pu s'en assurer soit par lui-même, soit par des personnes en état d'en juger; autrement il y aurait la plus grande instabilité dans les transactions humaines; on reviendrait contre la plupart des conventions, sous prétexte qu'on n'avait pas assez de connaissance pour juger de la chose qu'on avait achetée.

Le vendeur n'est pas non plus tenu de la garantie, lorsqu'il a été stipulé que l'acheteur ne pourrait en exercer aucune. Que les vices fussent cachés ou apparens, l'acquéreur a bien voulu courir ce risque; il doit s'imputer d'avoir consenti à cette clause.

Quand il n'y a point de stipulation pareille, et qu'au moment de la vente il existait quelque vice caché, l'acheteur a le choix de garder la chose ou de la rendre. S'il la garde, le vendeur doit lui restituer une partie du prix à dire d'experts. Cette restitution doit être proportionnée à ce que la chose vaut de moins par l'effet du vice nouvellement découvert. Si l'acheteur la rend, le vendeur doit lui restituer le prix entier et les frais de la vente.

On suppose que le vendeur ignorait lui-même les vices.

S'il les connaissait, sa mauvaise foi doit le forcer à réparer tout le préjudice que l'acheteur peut avoir souffert.

Le vendeur ne peut se dispenser de restituer le prix, sous prétexte que la chose n'existait plus, et qu'elle a péri lorsqu'elle était encore en la possession de l'acheteur : il suffit que l'acheteur prouve qu'elle a péri par suite de sa mauvaise qualité. En effet, dès que cette preuve est acquise, il est évident que l'acheteur ne peut être traité moins favorablement que s'il eût rendu la chose avant que cette perte arrivât. Il ne l'aurait rendue auparavant, que parce que le vice qu'elle avait en empêchait l'usage, et rien ne justifie mieux l'empêchement de l'usage que la perte qui est arrivée.

La loi proposée veut que l'action soit intentée

dans le plus court délai : elle ne pouvait établir à cet égard un délai commun. L'usage des lieux et la prudence des juges y suppléeront.

Cette action, au surplus, n'a lieu qu'à l'égard des ventes qui n'ont pas été faites par autorité de justice. La vente par autorité de justice est accompagnée de formalités et de vérifications qui ne permettent point de craindre la fraude des vendeurs et l'ignorance des acheteurs. (*V. Législation civile de France,* par M. le baron Locré, t. 14, p. 186, 189 et 208.)

EXTRAIT *du discours prononcé au tribunat par M. Grenier, dans la séance du 15 ventôse an XII (6 mars 1804), en présentant le vœu d'adoption.*

La 2me section du chap. IV renferme les règles relatives à la garantie.

L'esprit d'analyse et de méthode a fait distinguer deux objets dans la garantie, savoir : la possession paisible de la chose vendue, et les défauts cachés qui pourraient s'y trouver, ou ceux désignés de tout temps par ces expressions : *vices rédhibitoires;* et, sous ces deux rapports, la section est divisée en deux paragraphes.

N° 25. Objet de la garantie que doit le vendeur.

La garantie de l'éviction est de l'essence de la vente, parce que ce contrat est cumulatif; elle doit donc exister de plein droit : son premier effet est d'obliger à la restitution du prix, car le vendeur n'a droit au prix qu'autant qu'il assure à l'acheteur la chose que le prix représente ; les parties peuvent néanmoins, en vertu de la liberté des conventions, modifier la garantie, et aller jusqu'à en stipuler l'exemption. Elle cesse même lorsque l'acquéreur, connaissant la possibilité de l'éviction, a consenti à en courir les risques : alors le contrat change de nature ; par cette raison, le vendeur ne doit pas la restitution du prix.

N° 26. Par rapport à la garantie en cas d'éviction, on retrouve dans le projet de loi les principes éternels consacrés par les lois romaines, et qui sont puisés dans l'équité naturelle.

La garantie est de droit ; on peut la modifier, y renoncer même ; mais aucune stipulation ne peut mettre le vendeur à l'abri de la garantie de ses faits personnels et de la restitution du prix. Il est impossible qu'en ne vendant rien on en touche un prix ; il était cependant juste qu'il y eût une exception à cette règle, lorsque l'acquéreur avait connu, lors de la vente, le danger de l'éviction, ou qu'il aurait acheté à ses risques et périls : alors l'acte prend le caractère d'un contrat aléatoire.

Lorsque la garantie a été promise, ou qu'il n'a rien été stipulé à ce sujet, le projet de loi règle ce qui doit être restitué à l'acquéreur, en cas d'éviction, d'une manière positive et d'après les principes reçus jusqu'à présent. (*V. Législation civile de France*, par M. le baron Locré, t. 14, p. 20, chap. X, p. 222, 226, 227 et 247.)

LOI

SUR LES JUSTICES DE PAIX.

Au palais des Tuileries , le 25 Mai 1838.

(Promulguée le 6 juin 1838.)

LOUIS-PHILIPPE, Roi des Français, à tous présens et à venir, salut.

Nous avons proposé, les Chambres ont adopté, nous avons ordonné et ordonnons ce qui suit :

ARTICLE PREMIER.

Les juges de paix connaissent de toutes actions purement personnelles ou mobilières, en dernier ressort jusqu'à la valeur de cent francs, et à charge d'appel jusqu'à la valeur de deux cents francs.

ART. 2.

Les juges de paix prononcent, sans appel, jusqu'à la valeur de cent francs, et, à charge d'appel , jusqu'au taux de la compétence en dernier ressort des tribunaux de première instance ;

Sur les contestations entre les hôteliers, aubergistes ou logeurs, et les voyageurs ou locataires en garni, pour dépense d'hôtellerie et perte ou avarie d'effets déposés dans l'auberge ou dans l'hôtel ;

Entre les voyageurs et les voituriers ou bateliers, pour retards, frais de route et perte ou avarie d'effets accompagnant les voyageurs;

Entre les voyageurs et les carrossiers ou autres ouvriers, pour fournitures, salaires et réparations faites aux voitures de voyage.

ART. 3.

Les juges de paix connaissent sans appel, jusqu'à la valeur de cent francs, et, à charge d'appel, à quelque valeur que la demande puisse s'élever :

Des actions en paiement de loyers ou fermages, des congés, des demandes en résiliation de baux fondées sur le seul défaut de paiement de loyers ou fermages ; des expulsions de lieux et des demandes en validité de saisie-gagerie ; le tout lorsque les locations verbales ou par écrit n'excèdent pas annuellement, à Paris, quatre cents francs, et deux cents francs partout ailleurs.

Si le prix principal du bail consiste en denrées ou prestations en nature, appréciables d'après les mercuriales, l'évaluation sera faite sur celles du jour de l'échéance, lorsqu'il s'agira du paiement des fermages ; dans tous les autres cas, elle aura lieu suivant les mercuriales du mois qui aura précédé la demande. Si le prix principal du bail consiste en prestations non appréciables d'après les marcuriales, ou s'il s'agit de baux à colons partiaires, le juge de paix déterminera la compétence, en prenant pour base de revenu de la propriété le principal de la contribution foncière de l'année courante, multiplié par cinq.

ART. 4.

Les juges de paix connaissent, sans appel, jusqu'à la valeur de cent francs, et, à charge d'appel, jusqu'au taux de la compétence en dernier ressort des tribunaux de première instance:

1° Des indemnités réclamées par le locataire ou fermier pour non-jouissance provenant du fait du propriétaire, lorsque le droit à une indemnité n'est pas contesté;

2° Des dégradations et pertes, dans les cas prévus par les articles 1732 et 1735 du Code civil.

Néanmoins, le juge de paix ne connaît des pertes causées par incendie ou inondation que dans les limites posées par l'article 1er de la présente loi.

ART. 5.

Les juges de paix connaissent également, sans appel, jusqu'à la valeur de cent francs, et, à charge d'appel, à quelque valeur que la demande puisse s'élever;

1° Des actions pour dommages faits aux champs, fruits et récoltes, soit par l'homme, soit par les animaux; et de celles relatives à l'élagage des arbres ou haies, et au curage, soit des fossés, soit des canaux servant à l'irrigation des propriétés ou au mouvement des usines, lorsque les droits de propriété ou de servitude ne sont pas contestés ;

2° Des réparations locatives des maisons ou fermes, mises par la loi à la charge du locataire;

3° Des contestations relatives aux engagemens respectifs des gens de travail au jour, au mois et à l'année, et de ceux qui les emploient ; des maîtres et des domestiques ou gens de service à gages; des maîtres et de leurs ouvriers ou apprentis, sans néanmoins qu'il soit dérogé aux lois et réglemens relatifs à la juridiction des prud'hommes ;

4° Des contestations relatives au paiement des nourrices, sauf ce qui est prescrit par les lois et réglemens d'administration publique à l'égard des bureaux de nourrices de la ville de Paris et de toutes les autres villes ;

5° Des actions civiles pour diffamation verbale et pour injures publiques ou non publiques, verbales ou par écrit, autrement que par la voie de la presse ; des mêmes actions pour rixes ou voies de fait; le tout lorsque les parties ne se sont pas pourvues par la voie criminelle.

ART. 6.

Les juges de paix connaissent, en outre, à charge d'appel :

1° Des entreprises commises, dans l'année, sur les cours d'eau servant à l'irrigation des propriétés et au mouvement des usines et moulins, sans préjudice des attributions de l'autorité administrative dans les cas déterminés par les lois et par les réglemens ; des dénonciations de nouvel œuvre, complaintes, actions en réintégrande et autres actions possessoires fondées sur des faits également commis dans l'année ;

2° Des actions en bornage et de celles relatives à la distance prescrite par la loi, les réglemens particuliers et l'usage des lieux, pour les plantations d'arbres ou de haies, lorsque la propriété ou les titres qui l'établissent ne sont pas contestés ;

3° Des actions relatives aux constructions et travaux énoncés dans l'article 674 du Code civil, lorsque la propriété ou la mitoyenneté du mur ne sont pas contestées ;

4° Des demandes en pension alimentaire n'excédant pas cent cinquante francs par an, et seulement lorsqu'elles seront formées en vertu des articles 205, 206 et 207 du Code civil.

ART. 7.

Les juges de paix connaissent de toutes les demandes réconventionnelles ou en compensation qui, par leur nature ou leur valeur, sont dans les limites de leur compétence, alors même que, dans les cas prévus par l'article 1er, ces demandes, réunies à la demande principale, s'élèveraient au-dessus de deux cents francs. Ils connaissent, en outre, à quelques sommes qu'elles puissent monter, des demandes réconventionnelles en dommages-intérêts fondées exclusivement sur la demande principale elle-même.

ART. 8.

Lorsque chacune des demandes principales, réconventionnelles ou en compensation, sera dans les limites de la compétence du juge de paix en dernier ressort, il prononcera sans qu'il y ait lieu à appel.

Si l'une de ces demandes n'est susceptible d'être jugée qu'à charge d'appel, le juge de paix ne prononcera sur toutes qu'en premier ressort.

Si la demande réconventionnelle ou en compensation excède les limites de sa compétence, il pourra, soit retenir le jugement de la demande principale, soit renvoyer, sur le tout, les parties à se pourvoir devant le tribunal de première instance, sans préliminaire de conciliation.

ART. 9.

Lorsque plusieurs demandes formées par la même partie seront réunies dans une même instance, le juge de paix ne prononcera qu'en premier ressort, si leur valeur totale s'élève au-dessus de cent francs, lors même que quelqu'une de ces demandes serait inférieure à cette somme. Il sera incompétent sur le tout, si ces demandes excèdent, par leur réunion, les limites de sa juridiction.

ART. 10.

Dans le cas où la saisie-gagerie ne peut avoir lieu qu'en vertu de permission de justice, cette permission sera accordée par le juge de paix du lieu où la saisie devra être faite, toutes les fois que les causes rentreront dans sa compétence.

S'il y a opposition de la part des tiers, pour des causes et pour des sommes qui, réunies, excèderaient cette compétence, le jugement en sera déféré aux tribunaux de première instance.

ART. 11.

L'exécution provisoire des jugemens sera ordonnée dans tous les cas où il y a titre authentique, promesse reconnue, ou condamnation précédente dont il n'y a point eu appel.

Dans tous les autres cas, le juge pourra ordonner l'exécution provisoire, nonobstant appel, sans caution, lorsqu'il s'agira de pension alimentaire, ou lorsque la somme n'excèdera pas trois cents francs, et avec caution, au-dessus de cette somme.

La caution sera reçue par le juge de paix.

ART. 12.

S'il y a péril en la demeure, l'exécution provisoire pourra être ordonnée sur la minute du jugement avec ou sans caution, conformément aux dispositions de l'article précédent.

ART. 13.

L'appel des jugemens des juges de paix ne sera recevable ni avant les trois jours qui suivront celui de la prononciation des jugemens, à moins qu'il n'y ait lieu à exécution provisoire, ni après les trente jours qui suivront la signification à l'égard des personnes domiciliées dans le canton.

Les personnes domiciliées hors du canton auront, pour interjeter appel, outre le délai de trente jours, le délai réglé par les articles 73 et 1033 du Code de procédure civile.

ART. 14.

Ne sera pas recevable l'appel des jugemens mal à propos qualifiés en premier ressort, ou qui, étant en dernier ressort, n'auraient point été qualifiés.

Seront sujets à l'appel les jugemens qualifiés en dernier ressort, s'ils ont statué, soit sur des questions de compétence, soit sur des matières dont le juge de paix ne pouvait connaître qu'en premier ressort.

Néanmoins, si le juge de paix s'est déclaré compétent, l'appel ne pourra être interjeté qu'après le jugement définitif.

ART. 15.

Les jugemens rendus par les juges de paix ne pourront être attaqués par la voie du recours en cassation que pour excès de pouvoir.

ART. 16.

Tous les huissiers d'un même canton auront

le droit de donner toutes les citations et de faire tous les actes devant la justice de paix. Dans les villes où il y a plusieurs justices de paix, les huissiers exploitent concurremment dans le ressort de la juridiction assignée à leur résidence. Tous les huissiers du même canton seront tenus de faire le service des audiences, et d'assister le juge de paix toutes les fois qu'ils en seront requis ; les juges de paix choisiront leurs huissiers audienciers.

ART. 17.

Dans toutes les causes, excepté celles où il y aurait péril en la demeure et celles dans lesquelles le défendeur serait domicilié hors du canton ou des cantons de la même ville, le juge de paix pourra interdir aux huissiers de sa résidence de donner aucune citation en justice, sans qu'au préalable il n'ait appelé, sans frais, les parties devant lui.

ART. 18.

Dans les causes portées devant la justice de paix, aucun huissier ne pourra ni assister comme conseil ni représenter les parties en qualité de procureur fondé, à peine d'une amende de vingt-cinq à cinquante francs, qui sera prononcée sans appel par le juge de paix.

Ces dispositions ne seront pas applicables aux huissiers qui se trouveront dans l'un des cas prévus par l'art. 86 du Code de procédure civile.

ART. 19.

En cas d'infraction aux dispositions des articles 16, 17 et 18, le juge de paix pourra défendre aux huissiers du canton de citer devant lui, pendant un délai de quinze jours à trois mois, sans appel et sans préjudice de l'action disciplinaire des tribunaux et des dommages-intérêts des parties, s'il y a lieu.

ART. 20.

Les actions concernant les brevets d'invention seront portées, s'il s'agit de nullité ou de déchéance des brevets, devant les tribunaux civils de première instance; s'il s'agit de contrefaçon, devant les tribunaux correctionnels.

ART. 21.

Tontes les dispositions des lois antérieures contraires à la présente loi sont abrogées.

ART. 22.

Les dispositions de la présente loi ne s'appliqueront pas aux demandes introduites avant sa promulgation.

La présente loi, discutée, délibérée et adoptée par la Chambre des Pairs et par celle des Dé-

6

putés, et sanctionnée par nous cejourd'hui, sera exécutée comme loi de l'État.

DONNONS EN MANDEMENT à nos Cours et Tribunaux, Préfets, Corps administratifs, et tous autres, que les présentes ils gardent et maintiennent, fassent garder, observer et maintenir, et, pour les rendre plus notoires à tous, ils les fassent publier et enregistrer partout où besoin sera ; et, afin que ce soit chose ferme et stable à toujours, nous y avons fait mettre notre sceau.

Fait au palais des Tuileries, le 25e jour du mois de mai, l'an 1838.

Signé LOUIS-PHILIPPE.

Par le Roi :

Le Garde-des-Sceaux de France, Ministre Secrétaire d'Etat au département de la justice et des cultes,

Signé BARTHE.

Vu et scellé du grand sceau :

Le Garde-des-Sceaux de France, Ministre Secrétaire d'Etat au département de la justice et des cultes,

Signé BARTHE.

LOI

SUR LES TRIBUNAUX CIVILS DE PREMIÈRE INSTANCE.

Au palais des Tuileries, le 11 avril 1838.

(Promulguée le 15 avril 1838.)

LOUIS-PHILIPPE, ROI DES FRANÇAIS, à tous présens et à venir, salut ;

Nous avons proposé, les Chambres ont adopté,

NOUS AVONS ORDONNÉ ET ORDONNONS ce qui suit :

ARTICLE PREMIER.

Les tribunaux civils de première instance connaîtront, en dernier ressort, des actions personnelles et mobilières, jusqu'à la valeur de quinze cents francs de principal, et des actions immobilières jusqu'à soixante francs de revenu, déterminé, soit en rentes, soit par prix de bail.

Ces actions seront instruites et jugées comme matières sommaires.

ART. 2.

Lorsqu'une demande réconventionnelle ou en compensation aura été formée dans les limites de la compétence des tribunaux civils en dernier ressort, il sera statué sur le tout sans qu'il y ait lieu à appel.

Si l'une des demandes s'élève au dessus des limites ci-dessus indiquées, le tribunal ne prononcera, sur toutes les demandes, qu'en premier ressort.

Néanmoins, il sera statué en dernier ressort sur les demandes en dommages-intérêts, lorsqu'elles seront fondées exclusivement sur la demande principale elle-même.

ART. 3.

Les tribunaux dont les noms suivent, composés de trois juges et trois suppléans, seront, à l'avenir, composés de quatre juges et trois suppléans : Alais, Altkirch, Argentan, Aubusson, Bagnères, Bayeux, Belfort, Bourgoin, Charolles, Espalion, Issoire, l'Argentière, Lure, Mauriac, Marvejols, Neufchâtel, Oloron, Roanne, Saint-Gaudens, Saint-Girons, Saint-Lô, Saint-Marcellin, Sarreguemines, Saverne, Schelestadt, Uzès, Villefranche (Aveyron), Villefranche (Rhône), Wissembourg.

ART. 4.

Les tribunaux de Saint-Etienne (Loire) et de Vienne (Isère), actuellement composés de quatre juges et trois suppléans, seront portés à sept juges et quatre suppléans.

En conséquence, ils seront augmentés d'un vice-président, de deux juges, d'un juge suppléant, d'un substitut du procureur du roi et d'un commis-greffier.

Art. 5.

Seront, à l'avenir, composés de sept juges, au lieu de neuf, les tribunaux dont les noms suivent : Alençon, Auch, Bourbon-Vendée, Carpentras, Digne, Laval, Le Mans, Montauban, Mont-de-Marsan, Moulins, Niort, Perpignan, Quimper, Saintes, Saint-Brieuc, Saint-Omer, Vannes.

Art. 6.

Le tribunal de Grenoble, actuellement composé de neuf juges, sera porté à douze, et formera à l'avenir trois chambres.

En conséquence, il sera augmenté d'un vice-président, de deux juges, de deux juges suppléans, d'un substitut et d'un commis-greffier.

Art. 7.

Le nombre, la durée des audiences et leur affectation aux différentes natures d'affaires, seront fixés, dans chaque tribunal, par un réglement qui sera soumis à l'approbation du garde-des-sceaux.

ART. 8.

Dans les tribunaux où il sera formé une chambre temporaire, les juges suppléans qui feront partie de cette chambre, comme juges ou substituts, recevront, pendant toute sa durée, le même traitement que les juges.

ART. 9.

Dans le cas où la peine de la suspension aura été prononcée contre un juge pour plus d'un mois, un des juges suppléans sera appelé à le remplacer, et il recevra le traitement du juge.

ART. 10.

Tout juge suppléant qui, sans motifs légitimes, refuserait de faire le service auquel il est appelé, pourra, après procès-verbal constatant sa mise en demeure et son refus, être considéré comme démissionnaire.

ART. 11.

Dans tous les cas où les tribunaux de première instance statuent en assemblée générale, l'assemblée devra être composée, au moins, de la majorité des juges en titre.

Les juges suppléans n'auront voix délibérative que lorsqu'ils remplaceront un juge.

Dans tous les cas ils auront voix consultative.

Art. 12.

Les dispositions des articles 1er et 2 de la présente loi ne s'appliqueront pas aux demandes introduites avant sa promulgation.

Art. 13.

L'article 5, titre IV de la loi du 16-24 août 1790, sur la compétence des tribunaux civils de première instance, est abrogé.

La présente loi, discutée, délibérée et adoptée par la Chambre des Pairs et par celle des Députés, et sanctionnée par nous cejourd'hui, sera exécutée comme loi de l'État.

DONNONS EN MANDEMENT à nos Cours et Tribunaux, Préfets, Corps administratifs, et tous autres, que les présentes ils gardent et maintiennent, fassent garder, observer et maintenir, et, pour les rendre plus notoires à tous, ils les fassent publier et enregistrer partout où besoin sera, et afin que ce soit ferme et stable à toujours, nous y avons placé notre sceau.

Fait à Paris, au palais des Tuileries, le 11e jour du mois d'avril, l'an 1838.

Signé LOUIS-PHILIPPE.

Par le Roi :

Le Garde-des-Sceaux de France, Ministre

Secrétaire d'État au département de la Justice e des Cultes,

Signé BARTHE.

Vu et scellé du grand sceau :

Le Garde-des-Sceaux de France, Ministre Secrétaire d'État au département de la Justice et des Cultes,

Signé : BARTHE:

DEUXIÈME PARTIE.

—

CHAPITRE IV.

De la vente et de la garantie des vices rédhibitoires, conformément aux articles du Code civil, avec des annotations
d'arrêts de jurisprudence et observations sur la garantie.

La vente est une convention par laquelle l'un
s'oblige à livrer une chose, et l'autre à la payer.

Elle peut être faite par acte authentique, ou
sous seing privé. (Art. 1582. Code civil.)

Elle est parfaite entre les parties, et la propriété est acquise de droit à l'acheteur, à l'é-
gard du vendeur, dès qu'on est convenu de la
chose et du prix, quoique la chose n'ait pas encore été livrée, ni le prix payé. (Art. 1583. *Ibid.*)

La vente peut être faite purement et simplement, ou sous une condition soit suspensive,
soit résolutoire.

Elle peut aussi avoir pour objet deux ou plusieurs choses alternatives.

Dans tous ces cas, son effet est réglé par les
principes généraux des conventions. (Art. 1584.
Ibid.

La vente faite à l'essai est toujours présumée
faite sous une condition suspensive. (Art. 1588.
Ibid.)

6

Promesses de ventes et arrhes.

La promesse de vente vaut vente, lorsqu'il y a consentement réciproque des deux parties sur la chose et le prix. (Art. 1589. Code civil.)

Si la promesse de vendre a été faite avec des arrhes, chacun des contractans est maître de s'en départir,

Celui qui les a données, en les perdant;

Et celui qui les a reçues, en restituant le double. (Art. 1590. *Ibid.*) (1) (2).

Prix de vente.

Le prix de la vente doit être déterminé et désigné par les parties. (Art. 1591. Code civil.)

(1) Les arrhes peuvent être données et reçues entre un acheteur et un vendeur, soit qu'il y ait vente, soit qu'il y ait seulement promesse de vente ; mais il y a cette différence, que si elles sont données au cas de vente elles sont considérées comme un à-compte sur le prix, et qu'il n'est pas permis de se départir de la vente, soit en renonçant aux arrhes, soit en restituant le double. (Code civil 1590.)

(Tribunal de commerce de Strasbourg du 13 mai 1811. Confirmé par arrêt de la Cour du même lieu, le 13 mai 1813. Sirey, t. 15, 2e partie, p. 10.)

(Il existe un arrêt analogue, du 15 janvier 1813, de la même Cour.)

(2) La vente avec arrhes, lorsqu'il y a vente arrêtée de l'aveu des contractans, l'acheteur ne peut s'en départir en abandonnant ce qu'il a donné d'arrhes. (Colmar, 13 mai 1813, Journal du Palais, t. 43, p. 124.)

Il peut cependant être laissé à l'arbitrage d'un tiers : si le tiers ne veut ou ne peut faire l'estimation, il n'y a point de vente. (Art. 1592. *Ibid.*)

Les frais d'actes et autres accessoires à la vente sont à la charge de l'acheteur. (Art. 1593. *Ibid.*)

Qui peut acheter ou vendre.

Tous ceux auxquels la loi ne l'interdit pas, peuvent acheter ou vendre. (Art. 1594. C. civ.) (1).

Des choses qui peuvent être vendues.

Tout ce qui est dans le commerce peut être vendu, lorsque les lois particulières n'en ont pas prohibé l'aliénation. (Art. 1598. *Ibid.*)

La vente de la chose d'autrui est nulle : elle peut donner lieu à des dommages - intérêts, lorsque l'acheteur a ignoré que la chose fût à autrui. (Art. 1599. *Ibid.*) (2).

Si, au moment de la vente, la chose vendue était périe en totalité, la vente serait nulle.

Si une partie seulement de la chose est périe, il est au choix de l'acquéreur d'abandonner la

______

(1) Les mineurs, les interdits, les femmes mariées, qui sont sous puissance d'autrui, ne peuvent acheter ni vendre seuls. (1124 du Code civil.)

(2) L'article 1599 du Code civil, qui déclare nul la vente de la chose d'autrui, s'applique à l'échange, encore que l'échange soit entièrement consommé par la livraison respective et la prise de possession de tous les biens échangés. Cour royale de Poitiers, du 16 avril 1823. (Sirey, t. 25, 2e part., p. 321.)

vente, ou de demander la partie conservée, en faisant déterminer le prix par la ventilation. (Art. 1601. *Ibid.*) (1).

Des obligations du vendeur.

Le vendeur est tenu d'expliquer clairement ce à quoi il s'oblige.

Tout pacte obscur ou ambigu s'interprète contre le vendeur. (Art. 1602. Code civil.)

Il a deux obligations principales, celle de délivrer, et celle de garantir la chose qu'il vend. (Art. 1603. *Ibid.*)

De la délivrance des objets vendus.

La délivrance est le transport de la chose vendue en la puissance et possession de l'acheteur. (Art. 1604. Code civil.)

Les frais de la délivrance sont à la charge du vendeur, et ceux de l'enlèvement à la charge de l'acheteur, s'il n'y a eu stipulation contraire. (Art. 1608. *Ibid.*)

La délivrance doit se faire au lieu où était, au temps de la vente, la chose qui en fait l'objet, s'il n'en a été autrement convenu. Art. (1609. *Ibid.*)

Droits et actions du défaut de délivrance.

Si le vendeur manque à faire la délivrance

---

(1) Estimation proportionnelle de prix qui se fait d'une chose quelconque, eu égard au prix de sa totalité.

dans le temps convenu entre les parties, l'acquéreur pourra, à son choix, demander la résolution de la vente, ou sa mise en possession, si le retard ne vient que du fait du vendeur. (Art. 1610. *Ibid.*)

Dans tous les cas, le vendeur doit être condamné aux dommages-intérêts, s'il résulte un préjudice pour l'acquéreur, du défaut de délivrance au terme convenu. (Art. 1611. *Ibid.*)

Circonstances où le vendeur peut refuser la délivrance.

Le vendeur n'est pas tenu de délivrer la chose si l'acheteur n'en paie pas le prix, et que le vendeur ne lui ait pas accordé un délai pour le paiement. (Art. 1612. Code civil.)

Il ne sera pas non plus obligé à la délivrance, quand même il aurait accordé un délai pour le paiement, si, depuis la vente, l'acheteur est tombé en faillite ou en état de déconfiture, en sorte que le vendeur se trouve en danger imminent de perdre le prix, à moins que l'acheteur ne lui donne caution de payer au terme. (Art. 1613. *Ibid.*)

DE LA GARANTIE.

§ Ier.

La garantie que le vendeur doit à l'acquéreur a deux objets : le premier est la possession paisible de la chose vendue ; le second, les défauts cachés de cette chose, ou les vices rédhibitoires. (Art. 1625. Code civil.)

§ II.

De la garantie des défauts de la chose vendue.

Le vendeur est tenu de la garantie, à raison des défauts cachés de la chose vendue, qui la rendent impropre à l'usage auquel on la destine, ou qui diminuent tellement cet usage, que l'acheteur ne l'aurait pas acquise, ou n'en aurait donné qu'un moindre prix, s'il les avait connus. (Art. 1641. Code civil.) (1, 2, 3, 4, 5).

(1) L'action rédhibitoire, ouverte par cet article, s'applique aux ventes d'immeubles comme aux ventes de meubles. Lyon, 5 août 1824; Sirey, t. 24, 2e partie, p. 365.

(2) Les lois du Code civil sur les conventions s'appliquent aux matières commerciales, lorsqu'il s'agit du principe et de l'essence même des conventions faites entre négocians; ainsi les articles 1641 et 1644, concernant la garantie des défauts de la chose vendue, s'appliquent aux ventes des choses commerciales. (Cour royale de Rouen; Sirey, t. 7, 2e partie, p. 388.)

(3) Les articles du Code civil concernant les défauts de la chose vendue s'appliquent aux ventes commerciales. (Ibid., 11 décembre 1806; Journal du Palais, t. 17, p. 188.)

(4) En matière de commerce comme en matière civile, le juge de l'action principale est le juge de l'action en garantie. (Cour royale de Rouen, 50 août 1813; Sirey, t. 16, 2e part., p. 101.)

(5) La délivrance d'une quantité de marchandises moindre que celles vendues, ne constitue pas un vice caché dans le sens de l'article 1641 du Code civil, donnant lieu à garantie de la part du vendeur. Si donc l'acquéreur a reçu les marchandises sans en vérifier la quantité, il ne peut plus

Le vendeur n'est pas tenu des vices apparens, et dont l'acheteur a pu se convaincre lui-même. (Art. 1642. *Ibid.*)

Il est tenu des vices cachés, quand même il ne les aurait pas connus , à moins que dans ce cas il n'ait stipulé qu'il ne sera obligé à aucune garantie. (Art. 1643. *Ibid.*)

Dans le cas des articles 1641 et 1643, l'acheteur a le choix de rendre la chose et de se faire restituer le prix, ou de garder la chose et de se faire rendre une partie du prix, telle qu'elle sera arbitrée par experts. (Art. 1644. *Ibid.*)

Si le vendeur connaissait les vices de la chose, il est tenu, outre la restitution du prix qu'il en a reçu, de tous les dommages et intérêts envers l'acheteur. (Art. 1645. *Ibid.*)

Si le vendeur ignorait les vices de la chose , il ne sera tenu qu'à la restitution du prix, et à

recourir contre le vendeur, vainement il invoquerait l'usage où serait le commerce de ne pas vérifier l'espèce de marchandise dont il s'agit. (Cour royale de Bordeaux , du 25 avril 1828, rapporté aux arrêts de Sircy, t. 28, 2e partie, p. 258. Voir aussi t. 7, 2, 10.)

La *Gazette* du 14 avril 1836 rapporte qu'un vendeur de grains destinés à être semés, peut être attaqué par l'action rédhibitoire, si les grains jetés en terre n'ont pas levé.

Le tribunal de première instance de Paris, par son jugement du 12 avril, a condamné le grainetier par le considérant qu'il est établi que l'avoine était de mauvaise qualité, et qu'il ignorait le vice ; il n'a été condamné qu'à la restitution du prix de l'avoine ; appel : la Cour royale, adoptant les motifs des premiers juges, a confirmé leur décision. (Voir la jurisprudence.)

rembourser à l'acquéreur les frais occasionés par la vente. (Art. 1646. *Ibid.*)

Si la chose qui avait des vices a péri par suite de sa mauvaise qualité, la perte est pour le vendeur, qui sera tenu, envers l'acheteur, à la restitution du prix et aux autres dédommagemens expliqués dans les deux articles précédens.

Mais la perte arrivée par cas fortuit sera pour le compte de l'acheteur. (Art. 1647. *Ibid.*)

L'action résultant des vices rédhibitoires doit être intentée par l'acquéreur dans un bref délai, suivant la nature des vices rédhibitoires et l'usage du lieu où la vente a été faite. (Art. 1648. *Ibid.*)

Elle n'a pas lieu dans les ventes faites par autorité de justice. (Art. 1649. *Ibid.*) (1).

Des obligations de l'acheteur.

La principale obligation de l'acheteur est de payer le prix, au jour et lieu réglés par la vente. (Art. 1650. Code civil.)

S'il n'a rien été réglé à cet égard lors de la vente, l'acheteur doit payer au lieu et dans le temps où doit se faire la délivrance. (Art. 1651. *ibid.*)

Intérêts du prix de la vente; quand ils sont dus.

L'acheteur doit l'intérêt du prix de la vente jusqu'au paiement du capital, dans les trois cas suivans;

S'il a été ainsi convenu lors de la vente;

(1) 1684, Code civil.

Si la chose vendue et livrée produit des fruits on autres revenus;

Si l'acheteur a été sommé de payer.

Dans ce dernier cas, l'intérêt ne court que depuis la sommation. (Art. 1652. *Ibid.*)

L'acheteur troublé, ou qui a juste crainte de l'être, peut-il ne pas payer son prix de vente?

Si l'acheteur est troublé, ou a juste sujet de craindre d'être troublé par une action, soit hypothécaire, soit en revendication, il peut suspendre le paiement du prix jusqu'à ce que le vendeur ait fait cesser le trouble, si mieux n'aime celui-ci donner caution, ou à moins qu'il n'ait stipulé que, nonobstant le trouble, l'acheteur paiera. (Art. 1653. Code civil.)

La vente dont le prix n'est pas payé peut-elle être résolue?

Si l'acheteur ne paie pas le prix, le vendeur peut demander la résolution de la vente. (Art. 1654. Code civil.) (1).

Résolution au profit du vendeur.

En matière de vente de denrées et objets mobiliers, la résolution de la vente aura lieu de plein droit et sans sommation, au profit du vendeur, après l'expiration du terme convenu pour le retirement. (Art. 1657. Code civil.) (2).

(1) Cette demande doit être formée en justice, si le vendeur s'y refuse de gré à gré.

(2) L'article 1657 du Code civil, qui déclare résolue de

OBSERVATION SUR LA GARANTIE DES DÉFAUTS DE LA CHOSE VENDUE.

La garantie que le vendeur doit à l'acheteur, c'est la chose vendue exempte des défauts cachés qui la rendraient impropre à l'usage auquel elle est destinée d'après sa nature, ou qui diminueraient tellement cet usage, que l'acheteur ne l'aurait pas achetée s'il avait connu ses vices.

Des vices rédhibitoires donnent lieu, au profit de l'acheteur, à une action par laquelle il force le vendeur à reprendre la chose.

D'après les dispositions des articles 1641, 1642 et 1643 du Code civ., pour qu'il y ait lieu à la résiliation il faut :

1° Que le vice soit caché, et qu'il n'ait pas pu être connu de l'acheteur ;

2° Que l'acheteur ne l'ait en effet pas connu en achetant ;

plein droit, et sans sommations, au profit du vendeur, la vente de denrées et effets mobiliers, quand le retirement n'en a pas été fait par l'acheteur au terme convenu, s'applique aux matières commerciales comme aux matières civiles.

ARRÊT. La Cour, vu l'art. 1657 du Code civil ; — Attendu que cet article est général et ne porte aucune exception ; que la matière ne paraît exiger aucune différence entre les marchés de denrées entre particuliers et ceux de pareille nature entre marchands ; attendu, au surplus, que le Code de commerce, promulgué plusieurs années après la promulgation de tous les titres du Code civil, ne contient aucune exception à la disposition de l'article 1657, et qu'en créant cette exception l'arrêt de la Cour de Nancy a violé cet article du Code civil ; casse, etc. Du 27 février 1828 ; Cour de cass., ch. civ. (Sirey, t. 28, 1re partie, p. 357.)

3° Que le vice n'ait pas été excepté de bonne foi par le vendeur;

4° Que le vice n'existât pas au temps de la vente, ou même simplement au temps de l'accomplissement de la condition, si la vente est faite sous une condition suspensive;

5° Enfin que le vice soit du nombre de ceux qui sont réputés vices rédhibitoires.

En effet, si le vice est apparent, comme un cheval boiteux ou aveugle, il n'y a pas lieu, pour l'acheteur, à faire résilier la vente, ni même à obtenir une diminution du prix; car il est présumé avoir promis un prix en conséquence; mais il ne suffit pas, pour qu'il ne puisse se plaindre du vice, que ce vice ne fût pas interne ou caché; il faut aussi que l'acheteur ait pu s'en convaincre lui-même; l'art. 1642 complète à cet égard l'art. 1641, qui parle seulement des vices cachés, ayant dit que le vendeur n'est pas tenu des vices apparens; ces expressions ne seraient qu'une superfétation si, par cela seul qu' un vice serait apparent de sa nature, qu'il serait externe, le vendeur était affranchi de la garantie à ce sujet. Mais il n'en est pas ainsi, parce que, dans une foule de cas, un vice peut être apparent par lui-même, et à raison des circonstances il est possible qu'il n'ait pu être connu de l'acheteur, la chose n'ayant pas été mise sous ses yeux au moment de la vente, et d'autres cas qui ne permettent pas d'examiner l'objet vendu, achetant ainsi de confiance. La mauvaise foi du vendeur ne doit pas lui profiter; l'acheteur doit stipuler la garantie pour toute espèce de défauts apparens ou externes, même internes ou cachés, lorsqu'en achetant le vice ne lui était pas connu et qu'il n'a pas été averti par le vendeur. La garantie est due ; si le vendeur le déclare, ou lorsqu'il l'ignore et qu'il vend avec stipulation de non garantie, il est excepté de bonne foi ; mais s'il connaissait le vice et qu'il l'ait dissimulé, la stipulation de non garantie ne l'affranchit pas, si la vente est conditionnelle ; la vente est parfaite et aux risques de l'acheteur, si elle a lieu sous condition ; la chose est aux risques du vendeur jusqu'à l'accomplissement de la condition ; il faut qu'à cette époque la chose soit exempte des vices qui la rendraient impropre à l'usage auquel elle est destinée, ou qui diminueraient tellement cet usage, que l'acheteur ne l'aurait pas achetée, s'il avait connu ces vices, ou n'en aurait donné qu'un moindre prix. Il est donc nécessaire, pour qu'il y ait lieu à l'action rédhibitoire, que le vice existât au temps de la vente, ou au temps de l'accomplissement de la condition, si la vente est conditionnelle. Pour que la demande de l'acheteur soit accueillie, est-il nécessaire que celui-ci prouve positivement que la chose était déjà atteinte de ce vice au temps du contrat, ou de l'accomplissement de la condition ? Il est plus d'un vice rédhibitoire qui ne se manifeste pas de suite, mais après un certain temps ; en sorte que l'acheteur serait souvent dans l'impuissance de prouver que le vice existait au temps de la vente, et la fraude des vendeurs aurait bien souvent des succès ; il y a présomption légale que le vice existait lors de la vente sauf la preuve contraire.

Il faut que le vice soit du nombre de ceux qui sont réputés rédhibitoires ; et ce qui le prouve, c'est l'article 1648, qui porte que l'action résultant des vices rédhibitoires doit être intentée, par l'acquéreur, dans un bref délai, suivant la nature des vices rédhibitoires et l'usage du lieu où la vente a été faite.

La garantie pour les défauts cachés est de droit.

Lorsque la vente comprend plusieurs choses dont l'une a été l'objet principal et que les accessoires portent sur le principal, et s'il y a résiliation, elle a lieu pour le tout ; l'acheteur ne peut contre le gré du vendeur garder l'accessoire, en se contentant d'une indemnité pour le principal qu'il rendrait, car l'accessoire n'a pas été l'objet de la vente ; sauf à lui à garder aussi le principal et à conclure seulement à une indemnité à raison du vice dont il est infecté, conformément à l'art. 1644 du Code civ. Cet article donne à l'acheteur le droit de demander la résiliation du contrat, ou une indemnité à dire d'experts à son choix ; si le vendeur connaissait les vices de la chose et qu'il n'en ait pas averti l'acheteur, il est tenu, outre la restitution du prix, de tous les dommages-intérêts (art. 1645) ; si, au contraire, le vendeur ignorait le vice dont était atteint l'animal, qui a péri par la contagion, il ne devrait que la restitution du prix s'il l'avait.

reçu , et le remboursement des frais occasionnés par la vente (1646); il ne devrait aucune autre espèce de dommages-intérêts, quand même l'acheteur offrirait de prouver qu'il aurait pu vendre la chose plus cher qu'il ne l'a achetée, et comme la mauvaise foi ne se présume pas, ce serait à l'acheteur qui prétendrait que le vendeur connaissait le vice de la chose, à prouver son allégation à cet égard.

Lorsque la vente est résiliée, les choses sont remises au même état; le prix doit être restitué, s'il a été payé ; dans le cas contraire, l'acheteur est déchargé de l'obligation de payer.

Les frais occasionnés par la vente doivent pareillement être remboursés à l'acheteur, ainsi que les intérêts du prix, depuis le jour du paiement jusqu'au jour du remboursement, à moins que le juge n'en ait ordonné la compensation, en tout ou partie, avec les produits ou l'usage que l'acheteur a retirés de la chose.

Quant aux frais de nourriture d'un animal, ils se compensent avec les services que l'acheteur en a retirés ou a pu en retirer.

Mais il n'en est pas de même des frais de maladie de l'animal : le vendeur en doit le remboursement, puisqu'il avait intérêt à ce qu'ils fussent faits, et il les devrait quand bien même la chose serait venue à périr; si c'était par suite de sa mauvaise qualité, la perte est supportée par le vendeur, qui doit la restitution du prix (article 1647); dans ce cas, l'acheteur doit de même restituer la peau de l'animal, soit du cheval ou bête à corne, ainsi que les accessoires; si l'animal est mort d'une maladie contagieuse, l'acheteur est dispensé d'offrir sa peau; si la chose a péri par cas fortuit, la perte est supportée par l'acheteur.

Le principe étant établi dans l'art. 1648 du Code civ., que les actions doivent être intentées dans un bref délai, les tribunaux devraient donc déclarer non recevable l'acheteur qui ne réclamerait qu'après un long temps, comme celui qui ne réclamerait qu'après le temps fixé par un usage constant dans le lieu où a été faite la vente: celui qui a succombé dans l'action en résiliation de la vente, et qui voudrait intenter ensuite celle en diminution du prix, sur le fondement que ce n'est pas la même action, serait déclaré non recevable, par l'exception de la chose jugée.

L'art. 1649, Code civ., porte, que l'action résultant des vices rédhibitoires n'a pas lieu dans les ventes faites par autorité de justice.

La fraude est moins à craindre dans ces sortes de ventes, parce que les fonctionnaires qui y procèdent n'ont pas d'intérêt à faire mystère des vices dont les choses sont atteintes, et que ces ventes se font souvent à des prix peu élevés.

TROISIÈME PARTIE.

—

CHAPITRE V.

Jurisprudence des tribunaux, des cours royales et de la Cour de cassation, concernant les vices rédhibitoires.

VICE RÉDHIBITOIRE. — PREUVE.

Au cas de vente attaquée pour vices rédhibitoires, l'acquéreur doit montrer que le vice dont il se plaint existait à l'époque de la vente.

Le sieur Classens, de Bruxelles, vend un cheval au sieur Cogels moyennant 1,200 fr. ; il s'oblige à la garantie, règle de marchands.

Un mois après la vente, Cogels s'aperçoit que le cheval est poussif ; il intente l'action rédhibitoire ; le délai pour intenter cette action étant de quarante jours dans le Brabant, et le Code civil, art. 1648, se référant à l'usage des lieux pour la détermination de ce délai, elle se trouvait dirigée en temps utile.

Classens se borna à répondre qu'il était possible que le cheval vendu eût la pousse au moment de la demande, mais qu'il ne l'avait pas au moment de la vente.

Jugement du tribunal civil de Bruxelles, en date du 12 brumaire an XIII, qui mit à la charge de Cogels le soin de prouver que le cheval par lui acquis était poussif au moment de l'acquisition.

Appel de la part de Cogels ; sur l'appel, son adversaire lui oppose une fin de non recevoir.

Le jugement rendu était purement préparatoire, et l'art. 6 de la loi du 3 brumaire an II interdisait l'appel des jugemens préparatoires avant la prononciation des jugemens définitifs.

Cogels repoussait la fin de non recevoir, disant que les dispositions de la loi du 3 brumaire an II ne s'appliquaient qu'aux jugemens purement préparatoires, et non aux jugemens interlocutoires et préjugeant le fond ; or, celui dont il s'agissait dans l'espèce préjugeait le fond : en succombant dans sa preuve, Cogels succombait dans toute la cause.

Au fond, il n'était pas nécessaire que les vices rédhibitoires se manifestassent au moment même de la vente. — S'il en était ainsi, la preuve de cette existence serait presque toujours impossible dans les ventes de chevaux, attendu l'art profond avec lequel les maquignons et les marchands de chevaux parviennent à dissimuler les vices, et surtout la pousse.—Il suffirait qu'ils se manifestassent dans le délai de quarante jours pour que le vendeur en fût responsable pendant tout ce temps. — La présomption, dans ce cas, était que le vice était antérieur à la vente. Cette présomption cependant pouvait être détruite par la preuve qu'administrait le vendeur, que l'acheteur était lui-même l'auteur de la maladie ou du vice connu p. c., s'il était prouvé dans l'espèce que l'acheteur a excédé de fatiguer le cheval.

Classens justifiait le jugement au fond, en soutenant qu'aussitôt que la chose était livrée, la garantie des vices survenus depuis ne pesait plus sur le vendeur ; pour que l'action redhibitoire eût son effet, il fallait que le vice existât au moment même de la vente. Ce principe était si rigoureux que les lois 3, Cod., et 16, ff., *de Ædil. edict.* déchargaient le vendeur de toute garantie dans le cas où le vice aurait précédé la vente. Deghewiet, dans ses Institutions du droit de Belgique, enchérissait encore sur ces décisions, et il mettait à la charge de l'acheteur la preuve de l'existence du vice rédhibitoire, part. 3, titre 1er, des Actions, art. 4. — Il s'appuyait de l'opinion de Tulden, *ad cod., lib. 4, titre* 58, *n.* 6.— *Per leg. quæro, ff,* § *ult., de Ædil. edict.*

ARRÈT.

« Attendu qu'en imposant à Cogels l'obligation de prouver que le cheval dont il s'agit était attaqué, au temps de la vente qui lui en a été faite, du vice rédhibitoire par lui allégué, le premier juge a rendu hommage aux principes reconnus sur la matière, et ne lui a jusqu'ici infligé aucun grief ;

» La cour déclare l'appelant, quant à présent. sans griefs, et le condamne aux dépens. »

Du 29 messidor an XIII. Cour d'appel séant Bruxelles. (Sirey, t. 5, 2me part., page 538.) (V. *Journal du Palais*, t. 13, p. 221.)

VENTE. — VICE RÉDHIBITOIRE. — (DÉLAI).

Quand l'action rédhibitoire est exercée dans le temps prescrit, la présomption légale est-elle que le vice rédhibitoire existait lors de la vente? — Rés. aff. (Cod. civ., art. 1648.)

Le 22 mai 1807, Voisard vend un cheval à Laplanche, à la foire de Porentruy; le 30 juillet suivant, Laplanche somme Voisard de nommer un expert pour reconnaître que le cheval est attaqué de la morve. — Du procès-verbal des experts nommés de par et d'autre, il résulte que le cheval est réellement attaqué de ce vice: en conséquence, le même jour, il est abattu et enfoui par ordre du maire de Saint-Arsanne. Laplanche forme une demande en remboursement du prix, à quoi Voisard répond qu'il n'est pas prouvé que le cheval fût déjà malade le jour de la vente. 23 décembre 1807, jugement du tribunal de Saint-Hippolyte, qui par ce motif déboute Laplanche de sa demande et le condamne aux dépens.

Sur l'appel, Laplanche prétend que l'action rédhibitoire doit être admise dès que, dans les

quarante jours, à dater de la vente, il est constaté que l'animal vendu était affecté de la morve ;
que cela est conforme à la coutume d'Ajoye,
d'où Porentruy relevait ; l'intimé oppose la doc-
trine de Pothier et de plusieurs autres auteurs,
d'après lesquels, pour que le vendeur soit tenu
à la garantie, il faut que l'acheteur prouve que
le vice de la chose vendue existait dès le temps
du contrat.

ARRÈT.

« Considérant que la prescription de 40 jours
fixée pour l'exercice rédhibitoire emporte présomption légale que l'animal qui, pendant ce
délai, à dater de la vente, est attaqué d'un vice
rédhibitoire, en était déjà affecté lors de la vente ;
que ce point est d'autant plus certain, que les
trois maladies des chevaux, appelées pousse,
morve et courbature, sont dans leur principe réputées cachées et ne deviennent sensibles, même
pour ceux qui sont experts en cette partie, que
lorsqu'elles ont fait des progrès considérables ;
que dès-lors l'acheteur qui prouve que, dans le
délai de 40 jours, l'animal qui lui a été vendu
est affecté de l'une des maladies ci-dessus mentionnées, justifie par là suffisamment qu'il a
droit à l'action rédhibitoire ; que c'est d'autant
mieux le cas de faire ici l'application de ces principes, qu'à Porentruy, comme dans la ci-devant
province de Franche-Comté, les usages en cette
matière sont les mêmes ; d'où il résulte que le
jugement dont appel doit être réformé ;

» La cour, sans prendre égard à la vente du 22 juin 1807, qui est déclarée résiliée, condamne Voisard à rendre et rembourser à l'appelant la somme de 168 francs, prix de ladite vente, avec intérêts du jour de la demande, et aux dépens.

Du 13 juillet 1808. Cour d'appel de Besançon. — (Sirey, t. 9, 2ᵐᵉ part., p. 298.)

La cachexie, ou pourriture des moutons, donne lieu à une action rédhibitoire, même quand ils ne sont donnés qu'à cheptel. — (Gasseau C. Pilté et Corsange).

Cette jurisprudence a été ainsi établie par le tribunal d'Orléans. La question était neuve. — Dans l'ancien droit, la pourriture n'était pas comprise parmi les maladies épidémiques et contagieuses qui, dans certain temps, règnent sur les animaux et qui seules étaient mises au nombre des vices rédhibitoires. Pothier, qui a développé les règles de la vente sur tous les points de vue du for intérieur et du for extérieur, ne dit pas un mot de la pourriture des moutons; j'ai cru en trouver la raison, d'après ce que m'ont dit des gens du métier : c'est que les moutons attaqués de la cachexie ne sont pas moins bons à manger que les autres, et que, par conséquent, l'animal, quoique malade, n'avait pas perdu de sa véritable valeur. Mais depuis l'introduction des mérinos en France, on a dû raisonner autrement, la plus grande valeur des moutons consistant dans le produit de leur laine.

Le jugement a été confirmé, sans approuver toutefois la décision sus-énoncée, et d'après le seul motif que l'équité étant la base des contrats, un fermier ne peut être tenu de garder un troupeau attaqué de la cachexie au moment où il l'a reçu à cheptel, lorsque surtout le fermier ignorait que les bestiaux étaient attaqués de cette maladie (sur les art. 1135, 1642, 1648 C. civil). Pothier fait observer (Cont., Vente, n° 209) que si l'acheteur, en dissimulant la connaissance qu'il avait du vice rédhibitoire, au vendeur qui l'ignorait, à induit le vendeur en erreur, celui-ci serait fondé à exclure l'acheteur de sa demande par l'exception de dol.

Du 4 mars 1812. C. d'Orléans. (M. Colas Delanoue). Quoiqu'il n'y ait que les vices cachés de l'objet vendu qui puissent donner lieu à l'action rédhibitoire, cependant on peut ordonner une mesure interlocutoire pour vérifier si, au moment de la vente, le cheval dont on garanti la vue avait sur les yeux un commencement de cataracte (sur l'art. 1643, C. civ.). — (De Beauregard C. Blandin).

Du 11 juin 1812. — C. d'Orléans. — (Extrait du même auteur).

(Jurisprudence générale du royaume, par M. Dalloz, t. 12, p. 889, tit. de la vente et échange, chap. 1er, sect. 11, art. 11. — § 11.)

USAGES LOCAUX.

*1° Commerçant. — Vente ; 2° Vices rédhibitoires.
— Usages locaux. ; 3° Dépens, compensation.*

1° Le commerçant qui vend des marchandises
de son commerce à un non commerçant, pour
l'usage personnel de celui-ci, n'est pas, à raison
de ce fait, justiciable des tribunaux de commerce. — Il n'y a pas là, même à l'égard du
négociant, acte de commerce attributif de juridiction (Code de comm., art. 631.) (1).

2° L'art. 1648, Code civ., s'en réfère-t-il à
l'usage des lieux, non seulement en ce qui
touche les délais dans lesquels doit être formée
l'action en garantie pour vices rédhibitoires,
mais aussi pour déterminer la nature des vices
rédhibitoires ? (2)

3° Il y a lieu de compenser entre les parties
les dépens faits, en procédant devant un tribunal
incompétent, si le défendeur a laissé procéder
à tort, avant d'opposer le déclinatoire (3).

(Le sieur Legendre contre le sieur Pelleport.)

Le sieur Legendre, marchand de chevaux à
Metz, vend un cheval au sieur Pelleport, officier

(1) V. Sirey, t. 10, 2ᵉ partie, p. 548.
(2) La négative résulte implicitement de l'arrêt que nous
rapportons ; elle a été aussi adoptée par un jugement du tribunal de première intance de Metz, du mois d'avril 1823,
contre lequel il n'y a pas eu d'appel.
(3) V. Sirey, t. 3, 2ᵉ partie, p. 280.

de cavalerie ; quelque temps après l'acquisition, le sieur Pelleport s'apercevant que le cheval est atteint de claudication, et soutenant que c'est un vice rédhibitoire, actionne le sieur Legendre en garantie devant le tribunal de commerce de Metz.

Le défendeur, sans opposer de déclinatoire, soutient au fond que le défaut dont le cheval est atteint ne se trouvant pas au nombre des vices rédhibitoires énumérés dans l'art. 4 du titre 4 de la coutume de Metz, on ne pouvait, d'après l'art. 1648 du Code civ., admettre la garantie réclamée par le demandeur.

Jugement du tribunal de commerce, qui, sans s'arrêter à ce moyen, ordonne une expertise pour savoir si le cheval était ou non atteint du vice qui lui était reproché.

Appel de la part du sieur Legendre : il a soutenu, pour la première fois, que le tribunal de commerce était incompétent, *ratione materia*. Dans son intérêt on a dit : d'après le Code de commerce, la juridiction commerciale peut s'établir de deux manières : 1° par la qualité des parties, juridiction personnelle ; 2° par la nature de l'acte, abstraction de la qualité des contestans, juridiction réelle.

La juridiction personnelle est attribuée aux tribunaux de commerce (art. 631, § 1er) dans le cas de contestations entre négocians, marchands et banquiers ; entre, dit la loi, et non pas de la part ou contre ; il faut donc que les deux parties soient commerçantes et qu'elles puissent réci-

proquement saisir les tribunaux de commerce
de leurs prétentions ; dans ce cas, la loi présume
toujours (art. 632, § 6) que l'engagement est relatif à un acte de commerce, à moins que le
contraire ne soit prouvé (art. 638 et 639).

La juridiction réelle peut avoir lieu indépen-
demment de la qualité des parties ; en d'autres
termes, toutes personnes, même non commerçantes, sont justiciables des tribunaux de commerce, lorsqu'elles font un acte que la loi répute
acte de commerce dans les art. 632 et 633.

Pour résoudre la question proposée, il faut
donc voir si l'espèce rentre dans l'un des cas
déterminés, celui de la juridiction personnelle,
ou celui de la juridiction réelle ; or, le contraire
est positif.

On ne peut invoquer l'art. 631, § 1er, puisque
l'une des parties, le demandeur, n'est pas commerçant. On ne peut exciper de l'art. 631, § 2,
ni de l'art 632, puisque le cas de la vente n'y
est pas prévu, la loi ne parlant que d'achat. Et
que l'on ne dise pas que l'achat comprend la
vente ; cette interprétation répugne à la lettre et
à l'esprit de la loi : car si le législateur avait
voulu dire vente, il aurait ajouté ce mot et ne se
serait pas borné à parler d'achat ; cela est tellement vrai, que dans l'art. 633 la loi répète les
mots achats et ventes ; elle n'a donc pas supposé
que par l'un on dût nécessairement entendre
l'autre. D'ailleurs, il est certain que la loi n'a
pas pu parler de vente dans l'art. 632. L'achat
pour revendre constitue matériellement un acte

de commerce; quelle que soit la qualité de la partie qui achète pour revendre, ce fait ne peut être qu'une spéculation pour avoir un avantage, un bénéfice, en d'autres termes, un acte de commerce. Il fallait donc parler d'achat. Mais la vente constitue-t-elle nécessairement une opération de commerce? Non, on peut vendre un objet sans être commerçant et sans vouloir spéculer, sans avoir un bénéfice en vue. La vente n'est donc un fait de commerce que suivant les circonstances et suivant la qualité des parties; elle n'est donc pas, par elle seule, comme l'achat pour revendre, un acte de commerce, et par suite elle ne pouvait ni ne devait se trouver dans l'art. 632. Cela peut d'autant moins être mis en doute, que dans la première rédaction de l'art. 632 on avait dit : « Tous actes de trafic et de négoce de denrées et marchandises (1), » et que les termes généraux présentés par la section de l'intérieur du conseil d'état ont été écartés dans l'adoption définitive de la loi, quoiqu'on eût formellement prévu la difficulté agitée dans l'espèce.

De tous ces principes résulte la conséquence que ni l'art. 631, ni l'art. 632, n'attribuent, dans l'espèce dont il s'agit, compétence aux juges de commerce. Tirera-t-on le principe de cette compétence de quelque autre disposition de la loi? Il n'en existe aucune. Vainement voudrait-on

---

(1) V. Esprit du Code de comm , par M. Locré, t. 8, p. 161 et 169 jusqu'à la p. 273.

argumenter de l'art. 638, qui énumère les actes qu'on ne peut considérer comme commerciaux : d'abord la rédaction de cet article est loin d'être parfaite, puisqu'en voulant pousser dans ses dernières conséquences le raisonnement *à contrario*, sur lequel s'appuient les adversaires, on arriverait à des conclusions fausses et inadmissibles ; en second lieu, cet article n'est, si l'on peut s'exprimer ainsi, qu'un débris de construction appartenant à un édifice démoli. Comme on peut le voir dans la discussion qui eut lieu au conseil d'état (1), la disposition de l'art. 638 n'avait été faite que pour restreindre le principe trop général admis dans une autre disposition, portant qu'on devait réputer actes de commerce tous actes de trafic et négoce de denrées et marchandises ; on a depuis changé cette disposition, qui a été remplacée par le § 1er de l'art. 632, et cependant l'article 638, qui, n'étant qu'un correctif, devenait un hors-d'œuvre, paraît être resté sans qu'on s'aperçût qu'il appartenait à un système que l'on venait de modifier. Cet article est donc sans application.

En dernière analyse, tout se réduit à ce raisonnement bien simple : la compétence des juges de commerce ne peut résulter que d'une disposition formelle de la loi ; or le cas dont il s'agit dans l'espèce proposée ne leur est attribuée par aucune loi ; donc les juges consuls sont incompétens.

(1) V. Locré, *loco citato*.

A ces principes, que viennent fortifier des considérations d'équité, se joint l'autorité d'un arrêt rendu par la Cour de Nîmes, le 19 août 1808, qui, quoique statuant sur une contestation qui devait être jugée d'après l'ordonnance de 1673, peut néanmoins être invoqué pour décider la question sous l'empire du Code de commerce.

Pour le sieur Pelleport, intimé, on répondait : admettons d'abord que les tribunaux de commerce, juges d'exception, ne peuvent connaître que des contestations qui leur sont légalement attribuées ; admettons encore que la première partie de l'art. 631 n'est applicable qu'au cas où la contestation a lieu entre négocians, marchands et banquiers ; allons plus loin, et sans examiner si l'art. 632, qui énumère les actes de commerce, est restrictif ou s'il n'est que démonstratif ; admettons aussi que le législateur n'a parlé que d'achat, et que par ce mot on ne peut et l'on ne doit pas entendre vente ; en un mot, consentons que l'espèce actuelle ne rentre ni dans l'art. 631 tel qu'il est, ni dans l'art. 632.

Mais l'on peut soutenir que l'art. 631 n'est pas limitatif, qu'il est purement indicatif ; en effet, cet article contient textuellement deux parties : dans la première, c'est la juridiction personnelle, pure, indépendante de la nature du fait, lequel est toujours, à moins de preuve contraire, présumé fait de commerce ; dans la deuxième partie, c'est la juridiction réelle pure, abstraction de la qualité de l'un et de l'autre des contractans.

A ces deux parties exprimées il faut nécessairement en ajouter une troisième, qui, quoique non écrite dans cet article, ressort de l'ensemble du système, de la nature des choses et de quelques dispositions formelles du Code de commerce. Cette troisième partie, que l'on peut appeler juridiction mixte ou relative, est celle qui concerne certains faits qui, sans être en eux-mêmes des actes de commerce, le deviennent par la qualité de l'un des contractans. Alors si celui-ci est poursuivi en justice, s'il est défendeur, comme la qualité de défendeur est d'ailleurs attributive de juridiction, les tribunaux de commerce sont juges compétens.

Ce principe ressort de la nature des choses; comment concevoir en effet que l'achat fait par un marchand d'un objet de son commerce constitue un acte commercial, et que la vente de ce même objet, n'importe à qui, c'est-à-dire le fait qui couronne, qui consomme l'opération, la spéculation, ne soit plus de sa part un fait de commerce? Comment concevoir que dans un cas (pour l'achat) les juges consuls soient compétens, et qu'ils ne le soient pas dans l'autre (la vente)? Dira-t-on que c'est la faveur due au commerce qui a introduit la compétence pour le premier cas? Mais n'est-il pas aussi de l'avantage d'un commerçant, en cas de vente faite par lui, d'être jugé, sans retards et sans frais, par ses juges naturels? Objectera-t-on le défaut de réciprocité, si l'acheteur n'est pas négociant? Mais la même objection a lieu en cas d'achat, si le vendeur n'est pas commerçant. Ainsi il n'y a pas de raison de refuser la juridiction consulaire dans un cas, lorsqu'on l'accorde dans l'autre.

La compétence résulte aussi de l'ensemble du système de la loi; on ne voit pas dans la discussion qui a eu lieu au Conseil d'état sur le titre 2 du livre 4 du Code de commerce, un seul mot qui puisse faire pencher en faveur du système contraire; tandis que la compétence, dans le cas que nous discutons, paraît sans cesse être admise comme un point qui n'a pas besoin d'être établi; il suffit de lire l'Esprit du Code de commerce, par M. Locré, tome 8, page 261 et suivantes, pour se convaincre de la vérité de cette assertion.

Enfin, le principe que nous invoquons est prouvé jusqu'à l'évidence par la combinaison des différens articles du Code de commerce; par exemple : l'on ne voit ni dans l'art. 631, ni dans l'art. 632 que les tribunaux de commerce puissent connaître d'une demande en paiement d'un billet à ordre souscrit par un négociant, poursuivi par un non négociant; cependant la compétence existe incontestablement, et l'art. 637 en parle comme d'un principe constant préexistant. Il est donc vrai que la juridiction commerciale s'étend à des actes qui ne sont pas expressément proclamés actes commerciaux : l'art. 638 dispose que le propriétaire qui vend les denrées provenant de sa récolte ne fait pas un acte commercial. Cette dernière disposition deviendrait inutile, si l'on admettait le système

des adversaires, d'après lequel, à moins d'attribution expresse, il n'y a pas de compétence.
D'ailleurs on prétend que le marchand qui vend
un objet de son commerce ne sera pas justiciable des tribunaux consulaires par le seul effet
du silence de la loi, et il aura fallu une disposition expresse pour soustraire à la juridiction
commerciale le fait du propriétaire qui vend des
denrées provenant de son crû! Évidemment un
pareil système est inadmissible.

Que l'on ne dise pas que cet art. 638 avait
été fait comme partie d'une législation qui a été
modifiée; et, d'abord, le premier système des
législateurs n'a pas été changé; la rédaction a
bien reçu quelques modifications, mais les bases
et les principes n'ont éprouvé aucun changement; ensuite, ce serait faire injure au législateur que de supposer qu'un article devenu inutile et même ridicule aura été conservé ou se
sera glissé dans le Code par oubli, par mégarde?
Non, cet article n'a pas été ainsi introduit dans
le Code : il y a été inséré pour établir une exception à un principe antérieurement admis, et
cette exception atteste l'existence de la règle. Il
faut donc conclure qu'une contestation à l'occasion d'un acte qui ne devient commercial que par
la qualité de l'une des parties, par exemple, la
vente faite à un non négociant, par un marchand,
d'un objet de son commerce, est soumise à la
juridiction consulaire lorsque c'est le défendeur
qui est commerçant, parce que, dans ce cas, la
qualité de négociant fixe définitivement la juri-

diction dont le titre de défendeur était déjà attributif.

Au fond, l'appelant a soutenu, comme devant les premiers juges, que le défaut dont le cheval était atteint ne se trouvant pas dans le nombre des vices rédhibitoires énumérés dans l'art. 3 du titre 4 de la coutume de Metz, on ne pouvait, d'après l'art. 1648 du Code civil, admettre la garantie réclamée par le demandeur.

ARRÊT.

La Cour, attendu que les tribunaux de commerce, étant d'attribution, ne peuvent connaître d'autres faits ou actes que ceux spécifiés par l'art. 632 du Code de commerce;

Attendu qu'il est évident que ce n'est ni dans l'intention de revendre, ni de louer que l'intimé a acheté le cheval dont il s'agit; que dès-lors le marché auquel il a donné lieu ne peut être rangé dans la classe des actes de commerce spécifiés par l'art. 632 : le tribunal de commerce était donc incompétent pour connaître de cette contestation, dont la décision appartient aux tribunaux ordinaires;

Attendu que la question n'est pas disposée à recevoir la décision, puisqu'il est nécessaire de la faire précéder d'une expertise;

Attendu que l'appelant, en n'excipant pas du moyen d'incompétence devant les premiers juges, a donné lieu à l'augmentation des frais de la procédure continuée, et qu'il doit en supporter une partie;

Sur l'appel, met l'appellation au néant ; déclare nul le jugement dont est appel ; délaisse aux parties à se pourvoir comme elles le jugeront convenable ; compense les frais entre les parties, le coût de l'arrêt payable par moitié ; fait mainlevée de l'amende.

Du 19 avril 1823. — Cour royale de Metz. (Sirey, t. 23, 2e part., p. 312.) (V. Journal du Palais, t. 19, p. 341.)

Vice rédhibitoire. — Tic. — Cheval. — Usage.

Le tic n'est pas un vice rédhibitoire pour les chevaux, selon l'usage de la Normandie.

En général, pour qu'il y ait vice rédhibitoire dans le sens de l'article 1648, Cod. civ. (à part l'empire des usages locaux), il ne suffit pas qu'il y ait vice caché ôtant de l'agrément ou de la valeur, il faut (selon le vœu de l'article 1641) que le vice caché rende l'animal plus ou moins impropre au service ou usage auquel il est destiné.

ARRÊT.

La cour; — considérant qu'il ne suffit pas, pour qu'il y ait vice rédhibitoire, que la chose vendue soit affectée d'un défaut caché qui puisse en altérer la valeur, mais il faut encore, ainsi que le porte l'article 1641, Cod. civ., que l'altération dans la valeur provienne de ce que la chose est rendue impropre à l'usage auquel on la destine, ou de ce qu'au moins cet usage est considérablement diminué; que ce sont là les caractères qui se rencontrent dans les différens vices signalés par la jurisprudence, tels que la pousse, la morve et la courbature, dont il est fait mention dans l'arrêt de règlement du parlement de Normandie, du 30 janvier 1728, qui, non-seulement influent d'une manière désavantageuse sur le prix des chevaux, mais encore les mettent totalement ou à peu de chose près hors de service lorsqu'ils en sont atteints; que ce point de vue, sous lequel on doit envisager les vices rédhibitoires, est une conséquence du motif d'où vient l'action qu'ils font naître, c'est-à-dire de l'obligation principale résultant du contrat de vente par laquelle le vendeur est tenu de faire avoir à l'acquéreur l'objet vendu, *rem præstare emptori habere licere,* obligation qui est remplie du moment où l'acheteur est saisi de la chose, et qu'il l'a reçue en état de lui rendre les services qu'il devait en obtenir selon son espèce; — que le tic est bien chez les chevaux une maladie ou une mauvaise habitude que l'on peut regarder comme un désagrément, mais qui ne les rend pas moins capables de fatigue et de travail que s'ils n'en étaient pas attaqués; que cela est si vrai qu'en Normandie, où le commerce très important, dont ils sont l'objet a dû, depuis long-temps éveiller l'attention sur les avantages ou les inconvéniens d'en faire un vice rédhibitoire, on ne l'a jamais reconnu comme tel; — que si, rigoureusement parlant, on ne doit pas conclure de l'article 1648 que le législateur ait entendu s'en référer d'une manière absolue à l'usage sur le classement des vices rédhibitoires, au moins doit-on voir dans cet article une preuve de la grande autorité qu'il a désiré lui accorder en cette matière, car en voulant que l'on prenne, ainsi qu'il l'a prescrit, l'usage des lieux pour régulateur du délai de l'action en garantie, il a manifesté l'intention que ce même usage ne fût pas étranger à l'appréciation de ce qui constitue les vices rédhibitoires, puisque le temps donné pour s'en plaindre doit nécessairement être mesuré sur les caractères particuliers à chacun d'eux, et sur le plus ou le moins de difficulté de les apercevoir; — qu'en pareil cas il est, en effet, de l'intérêt public de ne pas sortir, sans de puissantes raisons, du cercle tracé par les usages établis, parce qu'en général on doit les regarder comme l'expression la plus fidèle des besoins de la contrée dans laquelle ils se sont introduits, et parce qu'en ne les suivant pas, on exposerait à des procès sans nombre, surchargés à chaque instant d'expertises et autres actes d'instruction, la classe simple et laborieuse des cultivateurs, que l'on ne saurait mettre trop d'importance à ne pas laisser distraire, sous de vagues prétextes, de ses occupations; quant à l'objection tirée de la prétendue destination particulière du cheval en question pour les écuries du roi, que, quelle que soit la vérité de ce fait, sur lequel les parties ne sont pas d'accord, s'il est sans doute à souhaiter que les chevaux acquis pour le service personnel de Sa Majesté soient, autant que possible, exempts de défauts, c'est un motif pour que les officiers chargés des achats redoublent de soin et d'attention

dans leur choix, et non pour créer une déroga-
tion aux règles ordinaires, qui pourrait devenir
une source d'abus gênans pour l'industrie agri-
cole, dont Sa Majesté elle-même veut avant tout
la prospérité;—qu'il résulte des motifs précédemment déduits que les faits offerts en preuve par
le vicomte d'Aure deviennent inconcluans et sans
objet...—Réformant, déclare les preuves offertes
inconcluantes, etc.

Du 22 novembre 1826. Cour royale de Caen,
4e ch. (Sirey, t. 27, 2e partie, p. 223.)

*1° Action rédhibitoire. — Immeubles; 2° Action
rédhibitoire. -- Prescription; 3° Vices rédhibitoires. — Caractères.*

1°L'action rédhibitoire est accordée à l'acheteur
d'un immeuble aussi bien qu'à l'acheteur de choses
mobilières.—La disposition de l'article 1641 étant
générale, s'applique aux ventes d'immeubles comme aux ventes de meubles;

2° Il est laissé à la sagesse des juges d'arbitrer
par quel délai se prescrit l'action rédhibitoire,
en matière de ventes d'immeubles..., ainsi ils peuvent décider que l'action est exercée en temps
utile, lorsqu'elle est formée avant l'expiration de
six mois à partir de l'acte de vente, ou même à
compter du moment où les vices ont été connus
(Cod. civ., art 1648.)

3° Lorsqu'une maison a été vendue comme
propre à l'habitation, et qu'après la vente l'acheteur reconnaît que les poutres soutenant les planchers, et qui étaient cachées par les plafonds,

sont pourries, il a contre son vendeur l'action rédhibitoire, donnant lieu à la restitution du prix (C. civ., 1644). C'est là un vice caché rendant la maison impropre à l'usage auquel on la destine, dans le sens de l'article 1641. (Sirey, t. 24, 2ᵉ partie, page 365. — Cour royale de Lyon, 5 août 1824), rapporté dans le *Journal du Palais*, t. 72, p. 74.

Vice rédhibitoire.

(Action.) Le délai de l'action en résiliation de vente pour vices rédhibitoires court du jour de la vente, et non pas seulement du jour de la délivrance, lorsque la vente a eu lieu en foire, si la délivrance n'a été retardée que par suite d'une convention entre les parties ; — du moins il n'y a pas lieu de casser le jugement qui le décide ainsi par appréciation des circonstances de la cause.

(Annotation de la Table.)

1° *Jugement.* — *Faits.* 2° *Vice rédhibitoire.* — *Action.* — *Délai.* — *Cassation.*

1° L'exposition sommaire des faits dans le jugement (ordonnée par l'article 141 du Cod. de proc. et l'article 7 de la loi du 20 avril 1810) résulte suffisamment de la transcription dans les jugemens des actes introductifs d'instance et des conclusions des parties, lorsque ces actes et ces conclusions contiennent eux-mêmes une analyse des faits ;

2° Le délai de l'action en résiliation de vente pour vices rédhibitoires court du jour de la vente et non pas seulement du jour de la délivrance, lorsque la vente a eu lieu en foire, si la délivrance n'a été retardée que par suite d'une convention entre les parties ; — Il n'y a pas lieu, du moins, de casser le jugement qui le décide ainsi par appréciation des circonstances de la cause (Cod. civ., art. 1648).

24 février 1826, Bichot vend en foire, à Rivoire, un cheval dont la livraison n'eut lieu que le 18 mars suivant. — Le 10 avril de la même année, Rivoire assigne Bichot, son vendeur, en résiliation de la vente pour vices rédhibitoires dans l'animal qui en était l'objet. — Bichot soutint l'action non recevable, en ce qu'elle n'a été formée que plus de trente jours après la vente. — Rivoire réplique que le délai a dû courir non du jour de la vente, mais bien du jour de la livraison, et qu'ainsi il n'y avait pas encore d'échéance lorsque l'action fut formée.

27 avril 1826, jugement en dernier ressort du tribunal de Pontoise, qui déclare Rivoire non recevable, attendu qu'il n'avait pas intenté son action dans les trente jours qui avaient suivi la vente du 24 février ; --- il est à remarquer que ce jugement ne contient pas l'exposé du point de fait de la cause, mais qu'il porte la transcription de l'acte introductif d'instance, et des conclusions des parties à l'audience.

Pourvoi en cassation par Rivoire, 1° pour violation de l'article 141 Cod. proc., qui règle les formalités substancielles, en ce que le jugement attaqué ne contient pas l'exposé des faits ; 2°, 3°, 4°

violation de l'article 1648, Cod. civ., et de l'arrrêt de règlement du parlement de Normandie de 1728. — Le tribunal disait: le demandeur en cassation fait partir du jour de la vente le délai accordé pour l'exercice de l'action rédhibitoire, tandis que, d'après les principes généraux du droit, il ne peut courir que du jour de la délivrance;—le demandeur invoque, sur ce point, la loi, ff., *de Ædil edict.* et le témoignage de Basnage, Denisart et Pothier, qui signalent à la vérité quelques différence entre les coutumes sur la durée du délai dans lequel on peut exercer cette action, mais qui reconnaissent unanimement qu'il ne peut courir que du jour de la délivrance de l'objet vendu; ce n'est qu'alors, en effet, que l'acheteur a pu en connaître les vices; la raison et les principes s'opposent donc à ce que l'acheteur puisse encourir quelque déchéance avant que d'avoir eu la faculté d'agir.

Le défendeur répond à ce dernier moyen en invoquant les principes du Code civil, d'après lesquels le consentement des deux parties, sur la chose et sur le prix, rend la vente parfaite entre elles, et met, dès ce moment, la chose aux périls et risques de l'acheteur, qui en devient propriétaire; quoiqu'elle n'est pas été livrée, ni le prix payé (art. 1138 et 1583), d'où il tire la conséquence que le délai de l'action rédhibitoire doit courir dès le jour de la vente.

ARRÊT.

La cour; — sur le 1er moyen: — attendu que les exploits d'ajournement, qui sont transcrits dans les qualités d'instance du jugement attaqué, contiennent une exposition sommaire et suffisante des points de fait de la cause ;

Sur le 2ᵉ moyen..., sur le 3ᵉ moyen..., sur le 4ᵉ moyen...; attendu que s'agissant d'une vente faite en foire le 24 février, le tribunal a pu reconnaître, en fait, que la vente avait été consommée ce jour-là, quoique, par un arrangement particulier, le cheval vendu fût resté à la charge du vendeur jusqu'au 18 mars, et qu'en calculant le délai fixé par l'arrêt de réglement du 30 janvier 1728, à compter du jour de la vente consommée, ce tribunal n'a violé ni ledit réglement, ni l'article 1648 Cod. civ.; rejette, etc.

Du 17 mars 1829, Cour de cass., ch. civ. (Sirey, t. 29, 1, p. 139).

VICE RÉDHIBITOIRE. — DÉLAI.

L'obligation d'intenter dans un bref délai, suivant l'usage des lieux, l'action en résiliation de la vente pour vices rédhibitoires, cesse-t-elle d'être applicable au cas où, lors de la vente, le vendeur s'est soumis expressément à cette action par une convention particulière? (Cod. civ. 1648) (1).

L'action rédhibitoire est recevable, quoiqu'elle n'ait été intentée qu'après le délai fixé par l'usage des lieux, si avant l'expiration de ce délai l'acquéreur a fait constater le vice rédhibitoire par

(1) Un argument, dans le sens de l'affirmative, peut s'induire de l'un des considérans de l'arrêt.

des gens de l'art, et l'a dénoncé au vendeur.
(Cod. civ. 1648).

Gauthier *C.* Tourtat.

ARRÊT.

La Cour, considérant qu'il s'agit dans la cause de l'annulation de l'échange d'un cheval pour une jument, attendu que la jument était attaquée de la maladie de la morve, vice rédhibitoire ; que l'on soutient l'action non recevable pour n'avoir pas été formée dans le délai de neuf jours, terme que l'usage du pays a consacré ;

Considérant qu'outre la disposition légale qui autorise la demande en annulation du marché pour vice rédhibitoire, Tourtat, vendeur, s'y était soumis par une convention particulière et expresse ; que huit jours après la vente ou échange, Gauthier a fait constater par un expert vétérinaire l'état de la jument malade qui faisait présumer l'invasion de la morve, sans cependant pouvoir encore prononcer avec certitude qu'il a fait dénoncer de suite le procès-verbal au sieur Tourtat ; que, s'il ne l'a pas fait assigner aussitôt, et s'il a attendu que la maladie fût confirmée et déclarée telle par une visite, Tourtat ne peut se plaindre d'un délai tout dans son intérêt ; que le vœu de la loi a été rempli, dès qu'il a été averti légalement avant l'expiration du délai ; dit qu'il a été mal jugé par le jugement qui déclare l'action non recevable, et faisant ce que les premiers juges auraient dû faire, condamne Tourtat à reprendre la jument par lui donnée en échange à Gauthier, etc.

Du 12 mars 1831.—Cour roy. de Bourges, 2ᵉ ch. (Sirey, t. 32, 2, 94.)

VICE RÉDHIBITOIRE. — USAGE. — DÉLAI.

Une commune placée autrefois dans le ressort d'un parlement où l'usage avait fixé à neuf jours le délai dans lequel devaient être intentées les actions rédhibitoires, continue d'être régie par cet usage, bien que, par suite de la nouvelle division territoriale de la France qui eut lieu en 1789, cette commune se trouve incorporée à un territoire qui faisait partie du ressort d'un autre parlement où l'on suivait un usage différent. (Cod. civ. 1648).

Sueur *C.* Nourtier.

Le 15 février 1832, Sueur achète de Nourtier une jument, moyennant 200 fr.; la vente eut lieu à Blangy, commune qui autrefois était comprise dans le ressort du parlement de Paris, mais qui, aujourd'hui, et depuis la nouvelle division territoriale de la France en 1789, fait partie du ressort de la cour royale de Rouen.

Le 3 mars, Sueur, prétendant que la jument par lui achetée était atteinte d'un vice rédhibitoire, cite Nourtier pour qu'il ait à la reprendre et à en restituer le prix.

Nourtier oppose une fin de non-recevoir, résultant de ce que l'action n'avait été intentée que seize jours après la vente, au lieu de l'être dans les neuf jours, ainsi que le voulait l'usage établi dans le ressort du parlement de Paris, usage spécialement suivi à Blangy.

Sueur répond que la commune de Blangy se trouvant actuellement incorporée à un territoire qui ressortissait au parlement de Rouen, c'est à l'usage existant dans le ressort de ce département et non à celui existant dans le ressort du parlement de Paris, qu'il faut recourir pour savoir si l'action dont il s'agit a été intentée en temps utile. Or, dit-il, un arrêt de réglement du parlement de Rouen, du 30 janvier 1728, accorde 30 jours pour former l'action rédhibitoire; dès-lors celle que j'ai intentée ne l'a pas été tardivement.

12 avril 1832. Jugement en dernier ressort du tribunal de Neuchâtel, qui accueille la fin de non-recevoir, et rejette en conséquence l'action de Sueur.

Pourvoi en cassation pour violation et fausse interprétation de l'art. 1548, Cod. civ.

ARRÊT.

La Cour, attendu que les usages sont d'une autre catégorie que les lois; qu'ils sont permanens de leur nature, parce qu'ils sont l'expression des intérêts et des besoins locaux; qu'ainsi le délai de neuf jours accordé pour l'action rédhibitoire par la coutume de Paris, dans le ressort de laquelle la commune de Blangy avait été placée, n'a pu, depuis sa distraction de ce ressort, être changé d'après d'autres usages qui ne sont pas les siens; qu'en la maintenant dans celui qui est observé chez elle de temps immémorial, le jugement attaqué a fait une juste application de l'art. 1648 du Code civil; rejette, etc.

Du 13 décembre 1832. (Sirey, t. 33, 1re p., 198).

VICE RÉDHIBITOIRE. — ACTION RÉCURSOIRE. — DÉLAI.

(Action récursoire). En matière de vices rédhibitoires, l'action récursoire du premier acheteur, assigné par un second acheteur, doit, à peine de déchéance, être intentée contre le premier vendeur dans le délai fixé par l'usage des lieux pour la durée de l'action rédhibitoire; il ne suffirait pas qu'avant l'expiration de ce délai le vice rédhibitoire eût été constaté par un procès-verbal. (Cod. civ. 1648.)

De la Boulaye *C*. Pineau.

Le 2 avril 1830, le sieur de la Boulaye vendit au sieur Perrault-Deschamps une jument que celui-ci revendit le 21 du même mois au sieur Pineau. Le 29 avril, Pineau fait constater par un procès-verbal que la jument est atteinte de la pousse, et en même temps il assigne Perrault à fin de résiliation de la vente; le 7 mai suivant, Perrault dénonce à de la Boulaye, son vendeur, l'assignation qui lui a été donnée, et l'appelle en garantie.

De la Boulaye, se fondant sur ce que plus de trente jours, du 2 avril au 7 mai, s'étaient écoulés depuis la vente par lui faite, sans qu'aucune réclamation eût été élevée contre lui, soutient que la demande est tardive, d'après les réglemens locaux, qui n'accordent que trente jours pour intenter l'action rédhibitoire.

3 juin 1830, jugement du tribunal de Saumur, ainsi conçu : « Attendu que le sieur Perrault, en achetant du sieur de la Boulaye la jument le 2 avril, avait 30 jours, suivant l'usage de Normandie, pour reconnaître le vice de la jument vendue ; — Attendu que le procès-verbal rédigé le 29 avril, enregistré le même jour, a empêché la péremption de l'action du sieur Perrault ; que ce procès-verbal est une présomption que la jument était atteinte du vice rédhibitoire reproché, au moment de la vente, sauf la preuve contraire, qui n'est pas offerte ; — le tribunal, faisant droit sur l'action en garantie, condamne le sieur de Boulaye à garantir et indemniser le sieur Perrault.

Pourvoi en cassation par le sieur de la Boulaye, pour violation des art. 1641 et 1648, Code civ., et de l'arrêt de réglement du parlement de Normandie, du 30 janvier 1728.—C'est un point constant et reconnu, que le jugement lui-même, dit le demandeur, qu'en Normandie, l'action pour vice rédhibitoire doit être intentée dans les trente jours de la vente ; c'est un point non constant que, dans l'espèce, un laps de trente-six jours s'était écoulé depuis la vente lors de l'action dirigée contre le sieur de la Boulaye ; la conséquence nécessaire était que cette action se trouvait tardive, cependant le tribunal la déclare recevable, et cela sous prétexte qu'un procès-verbal constatant le vice rédhibitoire, procès-verbal auquel le sieur de la Boulaye se trouvait tout-à-fait étranger, avait été dressé avant l'expiration des trente jours; mais qu'importe cette circonstance? le but de la loi n'est pas rempli par des diligences qui ne mettent point le vendeur à même de vérifier ou de faire vérifier immédiatement et contradictoirement l'état de l'animal vendu. Or, c'est précisément en raison du danger des retards en pareille matière qu'un bref délai est fixé; il faut que le vendeur puisse vérifier lui-même les véritables causes de la maladie, et surtout celles qui ont pu survenir depuis la vente et dont quelques jours de plus ou de moins peuvent faire disparaître les traces et les indices; le procès-verbal dressé dans l'espèce n'avait donc pu conserver le droit du sieur Perrault contre le sieur de la Boulaye; la loi exige une action exercée et non un procès-verbal dressé, et cette action doit, à l'égard du premier vendeur, être celle de son acheteur; celle intentée par un second acheteur contre le second vendeur est sans effet vis-à-vis du premier vendeur, attendu que cette dernière action est étrangère à la première vente; on peut d'autant moins invoquer un supplément de délai pour l'action récursoire à la suite de l'action principale, que la loi ne fait aucune espèce de distinction; or, cela ne peut être l'effet d'un oubli, car le législateur savait fort bien que la matière était une de celles où presque toujours il y aurait des actions en garanties successives à intenter, et cependant il a voulu que, dans tous les cas, et sans exceptions, l'action intentée contre un vendeur le fût dans le délai fixé par l'usage des lieux.

Le défendeur répond que le vœu de la loi est que le vice soit constaté dans les délais déterminés, et non l'action formée; ce qui, dans le cas de plusieurs ventes successives, deviendrait souvent impossible; qu'en effet, le procès est fait à la chose vendue et non à la personne, que, dans l'espèce, le but de la loi avait été rempli, puisque le procès-verbal constatant l'existence du vice rédhibitoire avait été dressé avant l'expiration du délai légal.

ARRÊT.

La Cour; — vu l'article 1648 Cod. civ., et l'arrêt du 30 janvier 1728 ; attendu que le législateur a voulu, dans l'intérêt du commerce, que l'action résultant des vices rédhibitoires fût intentée par l'acquéreur dans un bref délai; que le délai se règle d'après la nature des vices rédhibitoires et l'usage du lieu où la vente a été faite; qu'en Normandie, ce délai était de trente jours, aux termes d'un arrêt du 30 janvier 1728; que la loi ne distinguant pas entre l'action principale et récursoire, l'une comme l'autre doivent être dirigées contre le premier vendeur, dans le délai fixé par la coutume, l'usage du lieu de la vente, ou les règlemens intervenus à ce sujet; que, dans l'espèce, si le vice a été constaté à l'occasion d'une vente faite en Normandie, avant l'expiration des trente jours, l'action récursoire en résultant n'a été exercée contre le premier ven-

deur qu'après l'expiration de ce délai ; que, dès-
lors, elle ne l'a pas été en temps utile ; qu'en dé-
cidant le contraire, le jugement attaqué a expressément violé la loi précitée ; — Casse ; etc.

Du 18 mars 1833. — Ch. civ. — Cass. (Sirey,
t. 33, 1, p. 277 et 278) (1).

GAZETTE DES TRIBUNAUX DE COMMERCE,
(30 mai 1830, — n. 350).

*Vente de cheval. — Vice rédhibitoire. — Nullité
de la vente. — Garantie. — Incompétence.*

Lorsque la vente d'un cheval a été annulée
pour vice rédhibitoire, le vendeur a-t-il le droit
d'appeler en garantie celui dont il a primitive-
ment acheté le cheval, encore bien que le vice
rédhibitoire pour lequel la seconde vente a été
résiliée ne soit pas reconnue comme tel dans le
lieu où le premier achat a été fait ? (non rés.)

Le vendeur, appelé en garantie devant un autre tribunal que celui de son domicile, peut-on
opposer l'incompétence du tribunal saisi de la
demande originaire, s'il résulte des circonstances
de la cause que cette demande n'a été formée
que pour le distraire de ses juges naturels ?
(Rés. aff.).

Quoique la première de ces questions n'ait
point été résolue par la cour, comme d'ailleurs
elle résulte du procès dont les détails vont suivre, nous avons cru devoir la poser en tête
de cet article pour la signaler à nos lecteurs

(1) Arrêt dans le même sens, du 19 mars 1833, ch. civ.

(Ibid.)

8*

comme une difficulté importante et de nature à se reproduire fréquemment dans les ventes de chevaux.

Le sieur Pillas, propriétaire à Sedan (Ardennes), avait vendu un cheval au sieur Guerin, marchand de chevaux à Paris, moyennant 350 fr. Guerin revendit ce même cheval au sieur Ernoult, autre marchand de chevaux à Paris, 380 fr. ; ce cheval était atteint de sifflage ou cornage, vice qualifié rédhibitoire dans le ressort du tribunal de commerce de Paris, mais qui n'est point considéré comme tel suivant la coutume de Sedan. Ernoult, après avoir constaté ce défaut, assigna devant le tribunal de commerce de Paris, en résiliation de la vente, le sieur Guerin, qui de son côté s'empressa d'appeler en garantie devant le même tribunal le sieur Pillas, son vendeur.

Celui-ci déclara l'incompétence du tribunal, mais son exception fut rejetée par jugement du 9 avril 1829, ainsi motivé :

Attendu que la demande en garantie devait suivre le sort de la demande principale ;

Le tribunal déboute le sieur Pillas du renvoi par lui proposé, etc.

Et le 23 du même mois, nouveau jugement qui statue au fond, sur la demande principale d'Ernoult et sur celle en garantie de Guerin.

Sur la demande pricipale :

Attendu qu'il résulte des plaidoiries et des pièces produites au procès que le sieur Ernoult a acheté du sieur Guerin le cheval dont il s'agit pour la somme convenue de 380 fr.; qu'il a fait légalement constater que ce cheval était atteint d'un vice rédhibitoire, et qu'ainsi il demande la résiliation du marché;

Condamne le sieur Guerin à reprendre le cheval et à restituer au sieur Ernoult la somme de 380 fr. avec les intérêts suivant la loi, à quoi faire sera contraint par toutes les voies de droit, même par corps, etc.;

Sur la demande en garantie:

Attendu qu'il est bien constant que le sieur Pillas a vendu au sieur Guerin le cheval dont il s'agit; condamne Pillas à restituer au sieur Guerin la somme de 380 fr. qu'il a reçue de lui par toutes les voies de droit et même par corps, etc.

Comme on le pense bien, le sieur Pillas s'empressa d'interjeter appel du jugement qui avait rejeté son exception.

Me Paillet, son avocat, a dit à la cour que son client avait le plus grand intérêt a être renvoyé devant le tribunal de son domicile, car, suivant la coutume de Sedan, le cornage ou sifflage n'est point un vice rédhibitoire; qu'ainsi, à son égard, la vente doit être maintenue; que, dans tous les cas, et pour se renfermer uniquement dans la question de compétence aujourd'hui soumise à la cour, le tribunal de commerce de Paris était doublement incompétent à raison de la personne, car le sieur Pillas n'est point commerçant, et surtout à raison de la matière, car la vente d'un cheval, faite par un propriétaire à un marchand de chevaux, ne constitue point un acte de commerce; Me Paillet signala, en terminant, quelques circonstances qui prouvent que les sieurs Guerin et Ernoult ont agi de concert pour attirer le sieur Pillas devant le tribunal de commerce de Paris et le distraire de ses juges naturels.

Me Sulpicy, pour soutenir le jugement attaqué, a développé dans toute son étendue le principe général posé par les premiers juges. Laissant de côté la question du fond, celle de savoir s'il y avait lieu ou non à garantie, l'avocat se préparait à examiner les circonstances sur lesquelles on voulait établir la connivence des sieurs Guerin et Ernoult, lorsque M. le président a déclaré que la cause était entendue.

M. l'avocat-général Bayeux a pensé que les circonstances signalées par l'appelant prouvaient réellement que les sieurs Guerin et Ernoult s'étaient entendus pour distraire le sieur Pillas de ses juges naturels ; il a conclu à l'infirmation du jugement et à la disposition de l'application finale de l'art. 181 du Code de procédure civ.

Conformément à ces conclusions, la Cour a rendu l'arrêt suivant :

Attendu qu'il résulte des faits et circonstances de la cause que la demande originaire n'a été formée que pour distraire le sieur Pillas de ses juges naturels ;

Met l'appellation et ce dont est appel au néant ; dit qu'il a été incompétemment jugé, renvoie les parties devant qui de droit...

GAZETTE DES TRIBUNAUX DU 14 AVRIL 1836,
N° 3324.

Action rédhibitoire.— Grains semés en terre.— Non levés.

Un vendeur de grains destinés a être semés, peut-il être attaqué par l'action rédhibitoire, si les grains jetés en terre n'ont pas levé?

MM. Fauvet et Marjolin, cultivateurs aux Batignolles, soutenaient l'affirmative de cette question contre M. Capron, grainetier, à qui ils avaient acheté, l'un sept setiers, l'autre quatre, pour semer en avoine de Champagne, l'un six arpens, l'autre dix, lesquels étaient restés stériles ; et le tribunal de première instance de Paris, considérant comme établi, d'une part, que l'avoine était de mauvaise qualité ; d'autre part, que M. Capron en ignorait le vice, n'avait condamné ce dernier qu'à la restitution à M. Marjolin des 96 francs qu'il avait reçus pour prix de son avoine : libérant le sieur Fauvet des 166 francs qu'il devait au sieur Capron pour le même objet.

Ce dernier, moins pour l'importance de ces condamnations que pour n'être pas indéfiniment reconnu responsable envers les nombreux chalands qui pourraient présenter contre lui les mêmes plaintes, a interjeté appel. Il n'était pas prouvé, selon lui, que l'avoine vendue eût eu la destination d'ensemencer des terres, et qu'il eût connu cette destination : il n'était pas davantage établi que l'avoine semée par Marjolin et Fauvet fût précisément celle vendue par Capron, et puis il dépend quelquefois de la manière de semer de faire produire plus ou moins à la terre. Enfin, un auteur moderne a examiné en droit la question de garantie dans le cas présent, et il la résout pour la négative en faveur du marchand. M⁰ Baroche, avocat de M. Capron, cite en effet le passage de l'auteur qu'il invoque.

M. le premier président Séguier : Ne nous citez pas les auteurs vivans, ils contredisent souvent le lendemain ce qu'ils ont écrit la veille.

MM. Marjolin et Fauvet ayant, par l'organe de M⁰ Delarue, leur avoué, produit plusieurs certificats attestant que divers cultivateurs, qui s'étaient fournis chez M. Capron, avaient été aussi mal traités qu'eux-mêmes, la Cour, adoptant les motifs des premiers juges, a confirmé leur décision.

COUR ROYALE DE PARIS (7 mars 1837).

Lorsque le tribunal de commerce est incompétent, à raison de la matière, pour connaître par voie principale d'une vente faite par un individu non commerçant, il est également incompétent pour en connaître par voie récursoire de garantie. C. proc. 181, 424 (1).

En l'absence de conventions particulières dans les ventes de chevaux, le délai pour les vices rédhibitoires court, non du jour de la vente, mais seulement du jour de la livraison (Rés. par le tribunal de commerce seulement.) (2).

(1) V. Conf. Jousse, Comment., ordon. de 1667; Carré, Organ. jud., t. 2, p. 608; Paris, 14 juillet 1825.

(2) V. sur cette question, Cass., 17 mars 1840.

Hervieu *C.* Rivière.

Le sieur Hervieu, habitant de la campagne du Neubourg (Eure), vendit le 10 mars 1836, en champ de foire, au sieur Legay, marchand du pays, un cheval qu'il avait élevé. Le marché terminé, l'acheteur pria Hervieu de garder le cheval chez lui pendant quelques jours. Bientôt une revente eut lieu de Legay à Rivière, *marchand de Paris*. Le cheval fut emmené le 24 mars; et jusqu'au 29 il demeura en la possession du second acquéreur, sans aucune réclamation de la part de celui-ci. Une troisième cession eut lieu. Un marchand de son de Montrouge, le sieur Bréton, achète le cheval de Rivière; mais bientôt il s'aperçoit que l'animal est atteint du *sifflage*, et forme à raison de ce vice rédhibitoire, le 2 avril, une action en résolution de la vente contre Rivière, devant le tribunal de commerce de Paris. Le 11, Hervieu est assigné en garantie par Rivière. Il se défend en soutenant 1° que le tribunal de commerce est incompétent à son égard, parce qu'il n'est pas commerçant, et que de plus il n'est pas domicilié à Paris; 2° qu'il a traité avec Rivière et non avec Legay; 3° que l'action est tardivement introduite, puisque la vente ayant eu lieu le 10 mars, cette action devait être intentée dans les trente jours, aux termes du règlement de 1728 du parlement de Normandie.

Le 12 août 1836, jugement qui repousse ce système.

« Attendu la connexité, le tribunal joint les causes; statuant sur le tout par un seul et même jugement;

» En ce qui touche la demande principale de Bréton contre Rivière : — Attendu que l'expert nommé par le président sur la demande de Bréton, pour faire constater l'état du cheval qui lui avait été vendu par Rivière, a reconnu que ce cheval était atteint de la maladie du cornage, maladie rangée dans la catégorie des vices rédhibitoires; — Attendu que la demande formée par Bréton contre Rivière l'a été dans les délais voulus par la loi; — Par ces motifs, le tribunal résilie la vente du cheval dont il s'agit, ordonne que Rivière sera tenu de le reprendre, et le condamne à restituer à Bréton la somme de 677 fr. qu'il a reçue, avec les intérêts suivant la loi; plus, les frais de fourrière, à raison de 2 francs par jour, depuis le 29 mars dernier, jour de la vente, jusqu'à celui où le cheval sera repris ou vendu;

» En ce qui touche la demande en garantie de Rivière contre Hervieu :

» Statuant sur le déclinatoire; — Attendu qu'aux termes de l'art. 181 C. proc. civ., l'appelé en garantie est tenu de procéder devant le tribunal saisi de la demande principale, et que le deuxième paragraphe dudit article ne peut être appliqué à Hervieu, qui ne justifie nullement de ses allégations; — Par ces motifs, le tribunal déboute Hervieu du renvoi par lui requis;

Au fond : attendu que le cheval vendu par Hervieu à Rivière est bien le même que celui vendu par Rivière à Bréton ; — Attendu que le prix du cheval a été débattu et arrêté le 10 mars entre Hervieu et Legay, chargé d'acheter pour le compte de Rivière ; — Attendu que ce n'est que le 24 du même mois que le cheval a été livré à Rivière par Hervieu lui-même, qui en a reçu le montant des mains de ce dernier ;—Attendu que si, lors de la vente faite, il n'a pas été fait de conventions particulières entre les parties, l'équité veut que ce ne soit que du jour de la livraison que l'acheteur puisse acquérir la preuve que la chose achetée avait des vices cachés ; — Attendu que la demande de Rivière contre Hervieu a été formée dans les délais voulus par les usages dans la Normandie.

« Par ces motifs, le tribunal condamne Hervieu à garantir et indemniser Rivière, en principal, intérêts et frais, des condamnations ci-dessus prononcées au profit de Bréton, mais jusqu'à concurrence de 605 fr. seulement, prix dudit cheval ; à satisfaire à ce que dessus sera Hervieu contraint par les voies de droit, et condamne Hervieu aux dépens. »

Appel. — Sur le moyen d'incompétence, on disait : En principe, c'est le fait qui détermine la compétence ; l'appelant, en vendant son cheval, a fait un acte civil ordinaire ; or, la loi du 24 août 1790, institutive des juridictions, dit formellement que les tribunaux civils connaîtront de toutes les affaires personnelles. Voilà ce qui constitue la compétence du tribunal civil.—Après avoir établi que le propriétaire qui vend un cheval ne fait pas un acte de commerce, et que par suite le tribunal de commerce est incompétent pour connaître des contestations qui peuvent s'élever à l'occasion de ce marché, l'appelant examinait l'objection tirée de l'art. 181 C. proc. civ. La question, disait-il, est de savoir si cet article a pour objet de déroger aux règles de la compétence, à raison de la matière?

Non évidemment : car les tribunaux civils sont toujours compétens à raison de matière pour connaître des actions personnelles et mobilières entre particuliers. Cet article ne permet donc d'appeler en garantie un individu devant un tribunal autre que le sien que lorsque ce tribunal serait incompétent à raison du domicile de la personne seulement. Le dernier paragraphe de cet article l'indique clairement encore, en disant que, s'il apparaît de l'évidence du fait que la demande originaire a été formée pour traduire le garant hors de son tribunal, il y sera renvoyé : pour renvoyer quelqu'un devant son tribunal, il faut supposer en effet qu'il a été attaqué devant celui d'un lieu autre que le sien ; c'est-à-dire hors du tribunal de son domicile.

Il ne s'agit donc bien ici que d'incompétence à raison de la personne et non de la matière; or, la différence est immense entre ces deux sortes d'incompétence : sur cette distinction repose toute l'organisation et la compétence des différens tribunaux. On conçoit donc que le législateur ait permis, pour simplifier la procédure, de citer devant un tribunal de même nature, quel que soit le domicile du défendeur; mais il n'a pas été dans ce but jusqu'à changer la nature et l'ordre de la juridiction. Assigner en garantie ou autrement devant un tribunal dont l'organisation et les attributions sont toutes différentes de celles des tribunaux ordinaires, c'est donc violer les règles fondamentales de toute compétence.

Enfin il n'est pas permis d'appliquer, surtout contre toute espèce d'analogie, une loi générale, lorsqu'il existe, comme dans l'espèce, une disposition spéciale pour la procédure devant les tribunaux de commerce: c'est l'art. 424 C. proc. Il porte que, si le tribunal de commerce est incompétent à raison de la matière, il renverra les parties, encore que le déclinatoire n'ait pas été proposé. Ces termes de la loi sont impératifs, absolus.

Telle était, au surplus, l'opinion des anciens auteurs. Jousse donne un exemple d'une application frappante à l'espèce.

« Un bourgeois vend un cheval à un marchand de chevaux; ce marchand le revend à un maquignon; celui-ci fait assigner le marchand devant les juges consuls, et ce marchand appelle en garantie le vendeur, qui décline la compétence du tribunal.

» Les juges consuls ne peuvent se dispenser de renvoyer la demande en garantie devant les juges du bourgeois, qui demande son renvoi, et ils doivent connaître seulement de la demande originaire. »

On invoquait enfin l'autorité de M. Carré, *Organ. jud.*, t. 2, p. 603.

L'intimé répondait que l'art. 181 était applicable, non pas même par analogie, mais par nécessité, aucune autre disposition ne se présentant dans l'espèce. Il ajoutait que l'art. 424 supposait une action directe ; enfin il sontenait qu'un non commerçant, caution d'une obligation commerciale, était nécessairement justiciable des tribunaux consulaires.

Du 7 mars 1837, arrêt Cour roy., Paris, 2e ch., MM. Hardouin présid., Delapalme av.-gén. (concl. conf.), Langlois et Liouville, av.

La Cour; — considérant que la vente faite par Hervieu, propriétaire, ne constituant point un acte de commerce, toutes les actions auxquelles ce marché peut donner lieu contre lui doivent être portées devant la juridiction ordinaire ; que la disposition de l'art. 181, C. proc. civ., ne saurait déroger au principe qui veut que *nul ne soit distrait de ses juges naturels*, ni à cette règle posée dans l'art. 424 du même Code, d'après laquelle les tribunaux de commerce doivent prononcer d'office le renvoi lorsque l'incompétence existe à raison de la matière ;

A mis et met le jugement du 12 août 1836 au néant, comme nul et incompétemment rendu, renvoie la cause et les parties devant les juges qui doivent en connaître, etc. »

(*Journal du Palais*, p. 221. Cour royale de Paris, 7 mars 1837.)

CHAPITRE III.

—

DE LA COMPÉTENCE.

Pour les ventes et achats de chevaux et de bestiaux et les contestations relatives aux vices rédhibitoires, devant quels juges les actions doivent-elles être intentées? Il y a trois juridictions; c'est la qualité des parties et le prix de la vente qui déterminent la compétence.

§ 1er. *De la justice de paix.*

Les juges de paix connaissent de toutes actions purement personnelles ou mobilières, en dernier ressort, jusqu'à la valeur de cent francs, et, à charge d'appel, jusqu'à la valeur de deux cents francs. (Art. 1er loi du 25 mai 1838, promulguée le 6 juin suivant.)

Conformément à la loi du 20 mai même année concernant les vices rédhibitoires dans les ventes et échanges d'animaux domestiques.

L'article 5 porte que l'acheteur, à peine d'être non recevable, sera tenu de provoquer, dans les délais de l'article 3, la nomination d'experts chargés de dresser procès-verbal; la requête sera présentée au juge de paix du lieu où se trouvera l'animal.

Ce juge nommera immédiatement, suivant l'exigence des cas, un ou trois experts, qui devront opérer dans le plus bref délai.

L'article 6, de cette loi, dit que la demande sera dispensée du préliminaire de conciliation et l'affaire instruite et jugée comme en matière sommaire (1).(Voir cette loi n° 112.)

Par l'article 7 de la loi du 25 mai 1838, les juges de paix connaissent de toutes les demandes réconventionnelles (2) ou en compensation qui, par leur nature ou leur valeur, sont dans les limites de leur compétence, alors même que, dans les cas prévus par l'article 1er, ces demandes, réunies à la demande principale , s'éleveraient au-dessus de deux cents francs. Ils connaissent, en outre, à quelques sommes qu'elles puissent monter, des demandes réconventionnelles en dommages-intérêts fondées exclusivement sur la demande principale elle-même.

Article 8 de la loi du 25 mai. Lorsque chacune des demandes principales, réconventionnelles ou en compensation, sera dans les limites de la compétence du juge de paix en dernier ressort, il prononcera sans qu'il y ait lieu à appel.

Si l'une de ces demandes n'est susceptible d'être jugée qu'à charge d'appel, le juge de paix ne prononcera sur toutes qu'en premier ressort.

Si la demande réconventionnelle ou en compensation excède les limites de sa compétence, il pourra, soit retenir le jugement de la demande principale, soit renvoyer, sur le tout, les parties à se pourvoir devant le tribunal de première instance, sans préliminaire de conciliation.

Article 9. Lorsque plusieurs demandes for-

----

(1) On appelle matière sommaire celles qui exigent célérité, ou qui sont tellement simples , qu'elles peuvent être jugées sans employer les formes ordinaires.

(2) Réconventionnelles, degrés de juridictions , compensation, compétence civile , commerciale, demande nouvelle , exploit, frais de justice.

mées par la même partie seront réunies dans une même instance, le juge de paix ne prononcera qu'en premier ressort, si la valeur totale s'élève au-dessus de cent francs, lors même que quelqu'une de ces demandes serait inférieure à cette somme ; il sera incompétent sur le tout, si ces demandes excèdent, par leur réunion, les limites de sa juridiction.

Lorsqu'il y a lieu à appel, il faut observer les articles 13 et 14 de la loi du 25 mai 1838.

Nous donnons copie littérale de cette loi pour y avoir recours (1).

Les appels sont portés au tribunal de première instance du canton du juge de paix qui a rendu le jugement, ou de son arrondissement. Ainsi les juges de paix connaissent des vices rédhibitoires, en dernier ressort jusqu'à la valeur de cent francs, et, à charge d'appel, jusqu'à la valeur de deux cents francs.

L'objet de la demande réconventionnelle doit être joint à l'objet de la demande principale, pour la détermination du dernier ressort (12 janvier 1812, Metz. Sirey, t. 14. 2ᵉ, p. 375) (1).

Le résultat de l'action rédhibitoire est que, après avoir fait constater s'il existe des vices par procès-verbal d'experts, commis par ordonnance du juge de paix, obtenue sur requête à lui présentée par la partie requérante sur la citation donnée au vendeur, il est condamné à reprendre l'animal qu'il a vendu, s'il existe encore, et à rendre la somme reçue, plus aux frais et dépens.

Si le vendeur est reconnu avoir été de mauvaise foi, et avoir causé à l'acheteur un dom-

(1) Voir l'art. 7 de la loi du 25 mai 1838.

mage plus ou moins considérable, il est, en outre, condamné à l'indemnité de ce dommage, comme au cas où, ayant vendu une bête atteinte d'un mal contagieux, il aurait occasionné la perte de tout un troupeau.(Art. 1645, Cod. civ.)

Si l'animal vient à périr, il convient de présenter une requête au juge de paix qui rend une ordonnance, par laquelle il nomme des experts pour rédiger le procès-verbal de visite de l'animal, des signes de sa maladie et des causes de sa mort, et de citer immédiatement son vendeur en restitution du prix et à fin de dommages-intérêts. (Art. 1646, Code civil.)

Quand la chose achetée a péri par suite des vices ou de la mauvaise qualité qu'elle avait dès l'instant de la vente, la perte est pour le vendeur, lequel est tenu, envers l'acheteur, à la restitution du prix, et de plus au dédommagement des torts et préjudices ; mais la perte arrivée par cas fortuit sera pour le compte de l'acheteur. (Art. 1647, Code civil.)(1)

En règle générale, on est non recevable à intenter action pour vices rédhibitoires pour les ventes faites par autorité de justice.

Art. 5, Code de procédure civile. Il y aura un jour au moins entre celui de la citation et le jour de la comparution, si la partie citée est domiciliée dans la distance de trois myriamètres; si elle est domiciliée au-delà de cette distance, il sera ajouté un jour par trois myriamètres. Dans le cas où les délais n'auront point été observés, si le défen-

---

(1) Par cas fortuit, parce qu'il n'y a, dans ce cas, aucune faute de la part du vendeur, et l'on doit appliquer, ce principe, que la chose périt par son maître. (Voir les art. 1645, 1646 et 1647, Cod. civ.)

deur ne comparaît pas, le juge ordonnera qu'il sera réassigné, et les frais de la première citation seront à la charge du demandeur.

Art. 6. Dans les cas urgens, le juge donnera une cédule pour abréger les délais, et pourra permettre de citer, même dans le jour et l'heure indiqués.

Art. 2. En matière purement personnelle et mobilière, la citation sera donnée devant le juge du domicile du défendeur; s'il n'a pas de domicile, devant le juge de sa résidence.

Tous les huissiers d'un même canton auront le droit de donner toutes les citations et de faire tous les actes devant la justice de paix; dans les villes où il y a plusieurs justices de paix, les huissiers exploitent concurremment dans le ressort de la juridiction assignée à leur résidence. (Loi du 25 mai 1838. *Voy.* p. 119.)

§ 2. *Du tribunal de première instance.*

Lorsque le prix de la vente excède les limites de la compétence des juges de paix, le juge de paix, d'après les mêmes observations qui précèdent, renvoie les parties à se pourvoir. La compétence appartient au tribunal de première instance, sans préliminaire de conciliation; il convient néanmoins que le juge de paix fasse faire préalablement la visite par experts commis à cet effet, et que le procès-verbal ait été rédigé, et que, sur le renvoi du tout, le demandeur fasse assigner le vendeur pour obtenir condamnation, etc. (Art. 8, 9, loi du 25 mai 1838. Art. 5 et 6, loi du 20 mai même année.)

En matière personnelle le défendeur sera assigné devant le tribunal de son domicile (art. 59, Code de procédure civile); en matière de garantie, devant le juge où la demande originaire sera pendante.

Les appels des jugemens des juges de paix seront portés au tribunal de première instance de l'arrondissement.

§ 3. *Du tribunal de commerce.*

Si la vente a eu lieu entre deux individus faisant respectivement le commerce de chevaux ou bestiaux, achetant et vendant ; alors s'agissant de l'exécution d'un acte de commerce, c'est devant les juges de commerce que l'assignation doit être donnée ; la traduction a lieu pour toutes sommes sans distinction.

Conformément à l'art. 420 du Code de procédure civile, le demandeur a le choix d'assigner devant le tribunal du domicile du défendeur ;

Devant celui dans l'arrondissement duquel la promesse a été faite et la marchandise livrée ;

Devant celui dans l'arrondissement duquel le paiement devait être affectué.

Si le défendeur est marchand, le tribunal de commerce est compétent, lorsqu'il s'agit d'achats d'objets de son commerce.

D'après l'art. 632 du Code de commerce, la cour royale de Metz a, par arrêt du 19 avril 1823 (*Voy.* p. 152), décidé en principe qu'un marchand ne peut, même à l'occasion d'une vente par lui faite d'objets de son commerce, être appelé devant le tribunal de commerce par un non commerçant.

Il en serait autrement si le vendeur et l'acheteur étaient tous deux marchands ; dans ce cas. le tribunal de commerce est compétent, ainsi qu'il est dit et expliqué ci-dessus.

Le marchand qui a fait achat de bestiaux pour

son commerce est justiciable du tribunal de commerce pour raison du prix de l'achat.

A l'effet de faire constater le vice rédhibitoire dont on prétend que l'animal est atteint, il faut s'adresser, pour faire nommer l'expert, au juge de paix où se trouve l'animal.

Dispositions applicables aux trois juridictions.

L'action rédhibitoire doit être intentée dans le délai (pour obtenir le délai, se reporter au tableau, page 22 et 23).

L'action en recours doit être intentée dans le même délai; l'individu qui avait lui-même acheté l'animal pour lequel il est actionné devait s'assurer des qualités de l'animal lorsqu'il était en sa possession, et avant de le transmettre à un autre, faute de quoi il est déchu de tout recours.

(Garantie.) En matière de commerce, comme en matière civile, le juge de l'action principale est le juge de l'action en garantie (cour royale de Rouen, 30 août 1813. Sirey, t. 16, 2e partie, page 101).

Nous pensons que pour rendre des jugemens sur les procès-verbaux qui constatent les vices rédhibitoires, il est de nécessité indispensable que ces procès-verbaux aient été affirmés; cela est de toute justice pour motiver une condamnation; il en est de même sur d'autres matières.

631. Code de commerce. Les tribunaux de commerce connaîtront, 1° de toutes contestations entre négocians, marchands et banquiers, 2° entre toutes personnes des contestations relatives aux actes de commerce.

632. La loi répute acte de commerce tout

achats de denrées et marchandises pour les revendre, soit en matière, soit après les avoir travaillées et mises en œuvre, ou même pour en louer simplement l'usage.

Toutes entreprise de manufactures, de commission, de transport par terre ou par eau.

Toute entreprise de fournitures, d'agences, bureaux d'affaires, établissemens de ventes à l'encan, de spectacles publics.

Toute opération de change, banque et courtage.

Toutes les opérations |de banque publiques, toutes obligations entre négocians, marchands, et banquiers.

La contrainte par corps sera prononcée, sauf les exceptions et les modifications ci-après, contre toute personne condamnée pour dette commerciale au paiement d'une somme principale de 200 fr. et au-dessus. (Art. 1er, loi du 17 avril 1832.)

De la forme de procéder devant les tribunaux de commerce.

642. C. C. La forme de procéder devant les tribunaux de commerce sera suivie telle qu'elle a été réglée par le titre 25 du livre 2, de la 1re partie du Code de procédure civile.

643. Néanmoins les articles 156, 158, et 159 du même code, relatifs aux jugemens par défaut rendus par les tribunaux inférieurs, seront applicables aux jugemens par défaut rendus par les tribunaux de commerce.

QUATRIÈME PARTIE.

DISPOSITIONS LÉGISLATIVES
RELATIVES AUX MALADIES ÉPIDÉMIQUES ET ÉPIZOOTIQUES
DES BESTIAUX ET ANIMAUX DOMESTIQUES.

—

CHAPITRE VII.

Contenant les arrêts du conseil, décrets, lois, arrêtés et ordonnances, les instructions ministérielles, etc.

N° 2240.—*Arrêt du conseil, contenant des mesures contre les maladies épizootiques* (1).

Versailles, 10 avril 1714.

Le roi ayant été informé que dans les lieux du royaume où les bestiaux sont attaqués de maladies, la plupart des propriétaires abandonnent dans la campagne et sur les chemins ceux qui meurent, après en avoir fait arracher et enlever les peaux; et S. M. voulant prévenir le mal qui pourrait en arriver; ouï le rapport du sieur Desmaretz, conseiller ordinaire au conseil royal, contrôleur-général des finances; S. M. étant en son conseil, a ordonné et ordonne que

(1) En vigueur. V. ordonnance du 27 janvier 1815.

tous les propriétaires des bœufs, vaches, moutons, brebis, agneaux, chèvres, boucs et autres
bestiaux qui viendront à mourir, soit dans leurs
maisons ou à la campagne, seront tenus de les
faire mettre sur-le-champ dans la terre jusqu'à
trois pieds de profondeur, sans pouvoir en prendre ni enlever les peaux, sous quelque prétexte
que ce soit ; le tout à peine de cent livres d'a-
mende pour chaque contravention, applicable
moitié au dénonciateur, et l'autre au profit de
l'hôpital le plus prochain, et de peines afflictives
en cas de récidive, sans préjudice de l'amende,
qui sera de deux cent livres, applicables comme
dessus. Enjoint S. M. aux sieurs intendans et
commissaires départis dans les provinces et généralités du royaume, et à tous officiers royaux
ou autres, de tenir la main à l'exécution du présent arrêt.

N° 605. — *Arrêt du parlement de Paris, concernant la contagion des bestiaux* (1).

Paris, 24 mars 1745.

Art. 1er. Ordonne que dans les lieux où la maladie des bœufs, vaches et veaux a commencé
de se faire sentir, les officiers, soit du roi, soit
des seigneurs hauts-justiciers, auxquels la police appartient, chacun dans leur territoire,
même les syndics des communautés, en cas
d'absence desdits officiers, seront tenus de pren-

(1) En vigueur. V. l'arrêté du 26 messidor an v, et l'ordonn.
du 27 janvier 1815.

dre des déclarations exactes des bœufs , vaches
et veaux de chaque particulier et de les faire visiter par personnes à ce intelligentes , deux fois
la semaine au moins , le tout sans frais ,
pour connaître s'il n'y a pas de bêtes infectées
de maladie ; enjoint à tous ceux qui ont ou qui
auront du bétail malade , de le déclarer inconti-
nent auxdits officiers , à peine de cent livres
d'amende contre chaque contrevenant, pour être
les bêtes malades séparées de celles qui seront
saines, et mises dans d'autres écuries , étables
et lieux ; qu'en cas que le bétail malade puisse
être conduit au pâturage , il soit mis à la garde
d'un pâtre, qui sera choisi par la communauté ,
qui ne pourra conduire le bétail que dans les
cantons et lieux qui seront indiqués par lesdits
officiers , à peine de punition corporelle et de
tous dommages et intérêts dont la communauté
demeurera responsable.

Art. 2. Fait défense aux communautés qui ont
des droits de parcours ou d'usages sur les ter-
ritoires voisins, de les exercer dès le moment
qu'il y aura dans ladite communauté des bêtes
atteintes de maladie, à peine par les habitans
des communautés contrevenantes de répondre
solidairement de tous dommages et intérêts, et
civilement du fait de leur pâtre.

Art. 3. Fait pareillement défense à toutes
personnes de conduire des bœufs, vaches ou
veaux des bailliages et lieux où la maladie est répandue, pour les vendre dans d'autres bailliages
et lieux ; à cet effet, ordonne que lesdits bœufs,

vaches et veaux ne puissent être vendus qu'après que ceux qui les conduisent auront préalablement représenté aux juges des lieux où la vente en sera faite, un certificat des officiers du lieu d'où lesdits bœufs, vaches ou veaux auront été amenés, portant qu'il n'y a point de maladie dans ledit lieu sur lesdits bestiaux, ni à trois lieues au moins à la ronde ; lequel certificat sera visé par ledit juge sans frais, le tout à peine de trois cent livres d'amende pour chaque contravention, même de confiscation des bestiaux, s'il y échoit.

Art. 4. Fait pareillement défense à toutes personnes, sous les mêmes peines, d'exposer en vente dans les foires et marchés, aucuns bœufs, vaches ou veaux ; même au bouchers de tuer et débiter lesdits bœufs, vaches ou veaux, qu'après qu'ils auront été vus et visités par personnes à ce intelligentes, nommées par lesdits officiers, et ce (à l'égard des bestiaux qui seront exposés en vente dans les foires et marchés) avant que lesdits bestiaux puissent être amenés dans le lieu de la foire ou du marché, pour savoir s'ils ne sont point infectés de maladie, ou même suspects d'en être attaqués, et être ceux qui se trouveront en cet état renvoyés sur-le-champ dans les lieux d'où ils auront été amenés ; que les bestiaux qui seront jugés sains ne puissent être mêlés avec ceux de celui qui les aura achetés, ou autres habitans des lieux où ils seront vendus, qu'après en avoir été retenus séparés au moins pendant huit jours, à peine de cent livres d'amende pour chaque contravention.

Art. 5. Ordonne qu'aussitôt que les bêtes infectées seront mortes, les propriétaires et fermiers seront tenus de les enterrer avec leurs peaux, lesdites bêtes préalablement coupées par quartiers, dans des fosses de huit à dix pieds de profondeur pour chaque bête; de jeter dessus lesdites bêtes de la chaux vive, et de recouvrir exactement ladite fosse jusqu'au niveau du terrain; enjoint auxdits officiers et auxdits syndics, en leur absence, de leur faire fournir des charrettes, chevaux, harnais, civières ou traîneaux, même les manouvriers dont ils auront besoin, sans qu'on puisse traîner lesdites bêtes, mais seulement les porter aux fosses dans lesquelles elles seront jetées; le tout à peine de cinquante livres d'amende contre ceux qui auront refusé leurs charrettes, harnais, civières ou traineaux, ou leurs services pour enterrer promptement lesdites bêtes mortes de maladie. Fait défense à toutes personnes de laisser dans les bois lesdites bêtes mortes, les jeter dans les rivières, ni les exposer à la voirie, même de les enterrer dans les écuries, cours, jardins, et ailleurs que hors l'enceinte des villes, bourgs, villages, à peine de trois cents livres d'amende et de tous dommages et intérêts.

Art. 6. Fait défense à toutes personnes de tirer des fosses les bêtes, soit entières ou par parties, sous quelque prétexte que ce puisse être, et aux tanneurs ou autres d'en vendre ou acheter les peaux, à peine de trois cents livres d'amende, même de punition corporelle.

9*

Art. 7. Ordonne que les amendes qui seront encourues pour contraventions à l'exécution du présent arrêt, seront appliquées, un tiers au dénonciateur, un tiers au haut-justicier et un tiers aux pauvres du lieu, et ne puissent être réputées comminatoires où être remises ou modérées par les juges, sous quelque prétexte que ce puisse être.

Art. 8. Que les jugemens qui seront rendus en conséquence du présent arrêt, et pour prévenir la mortalité du bétail, seront exécutés par provision nonobstant toutes oppositions, appellations, prises à partie, et empêchemens quelconques, et sans y préjudicier.

Art. 9. Et que le présent arrêt sera lu, publié et enregistré dans tous les bailliages et sénéchaussées du ressort de ladite cour ; enjoint aux substituts du procureur-général du roi d'y tenir la main, d'en envoyer des copies dans les justices de leur ressort, pour y être pareillement lu, publié et affiché par tout où besoin sera, à ce que personne n'en ignore, et d'en certifier la cour dans le mois. Fait le parlement, le 24 mars 1745.

Signé **DUFRANC.**

N° 621. — *Arrêt du conseil, qui indique les précautions à prendre contre la maladie* **épidémique** *sur les bestiaux*(1).

Versailles, 19 juillet 1746. (Archiv.)

Le roi étant informé que la maladie épidémi-

(1) En vigueur. V. l'arrêté du 23 messidor an V, et l'ordonn du 27 janvier 1815.

que sur les bœufs et sur les vaches, qui depuis quelque temps s'était ralentie, se fait sentir de nouveau dans quelques provinces du royaume, qu'il y a lieu de penser qu'elle s'y est communiquée, soit parce que des propriétaires de bestiaux, dans la crainte de voir périr chez eux ceux de leurs bestiaux dont l'état était suspect, se sont déterminés à les donner à des prix médiocres, et les ont fait conduire à cet effet à des foires et marchés, dans des lieux où la maladie n'avait point encore pénétré; soit parce que ceux qui font le commerce de bestiaux, voulant par une avidité condamnable profiter de l'inquiétude desdits propriétaires, ont acheté leurs bestiaux à des prix extrêmement bas, et les ont revendus par préférence à ceux qui venaient des cantons non suspects, en les donnant à des prix inférieurs, ce qui dans l'un comme dans l'autre cas a porté la maladie dans les lieux où lesdits bestiaux ont été conduits, en sorte qu'elle pourra s'étendre successivement dans les endroits qui jusqu'à présent en ont été préservés, s'il n'y était pourvu par des dispositions capables de remédier à un abus si préjudiciable au bien public et à l'intérêt de chaque province en particulier;

Et l'expérience ayant fait connaître que le moyen le plus assuré pour arrêter le progrès de cette maladie, était d'empêcher toute communication des bestiaux qui en sont attaqués avec ceux qui ne le sont pas; comme aussi que les bestiaux d'un lieu où la maladie s'est fait sentir ne soient conduits dans un lieu où elle n'a point pénétré. Sa Majesté voulant sur ce expliquer ses intentions : ouï le rapport du sieur Demachault, conseiller ordinaire au conseil royal, contrôleur-général des finances;

Le roi étant en son conseil, a ordonné et ordonne ce qui suit :

Art. 1er. Tous propriétaires de bêtes à cornes habitans dans les villes ou paroisses de la campagne, dont les bestiaux seront malades ou soupçonnés de maladie, seront tenus d'en avertir dans le moment le principal officier de police de la ville, ou le syndic de la paroisse dans laquelle ils habiteront, sous peine de cent livres d'amende, à l'effet par ledit officier de police ou le syndic de faire marquer, et en sa présence, lesdits bestiaux malades en soupçonnés, avec un fer chaud d'une marque portant la lettre *M*, et de constater que lesdites bêtes malades ou soupçonnées de maladie ont été séparées des bestiaux sains et renfermées dans des endroits d'où elles ne puissent communiquer avec lesdits bestiaux sains de la même ville ou paroisse.

2. Ne pourront lesdits propriétaires, sous quelque prétexte que ce soit, faire conduire dans les pâturages ni aux abreuvoirs lesdits bestiaux attaqués ou soupçonnés de maladie; ils seront tenus de les nourrir dans les lieux où ils auront été renfermés, sous la même peine de cent livres d'amende.

3. Les syndics des paroisses dans lesquelles il

y aura des bestiaux malades ou soupçonnés de maladie, seront tenus, sous peine de cinquante livres d'amende, d'en avertir dans le jour le sub-délégué du département, et de lui déclarer le nombre de bestiaux qui seront malades ou soup-çonnés, et qu'ils auront fait marquer les noms des propriétaires auxquels ils appartiennent, et s'ils en ont été avertis par lesdits propriétaires ou par d'autres particuliers de ladite paroisse. Veut Sa Majesté qu'au dernier cas le tiers de ces amendes qui seront prononcées contre lesdits propriétaires, faute de dénonciation, appartienne à ceux qui auront donné le premier avis, soit au principal officier de police dans les villes, soit aux syndics des paroisses de la campagne.

4. Le subdélégué, conformément aux ordres et instructions qu'il aura reçus du sieur intendant de la province, et les officiers dans les villes, tiendront la main, non seulement pour empê-cher que les bestiaux malades ou soupçonnés n'aient aucune communication avec les bestiaux sains de la même ville ou paroisse, mais encore pour empêcher que tous les bestiaux, soit ma-lades, soit soupçonnés, soit sains, du lieu où la maladie se sera manifestée, n'aient aucune com-munication avec ceux des villes ou paroisses voisines.

5. Fait Sa Majesté très expresses inhibition et défense aux habitans des villes ou des parois-ses de la campagne dans lesquelles la maladie se sera manifestée, de vendre aucun bœuf, va-che ou veau, et à tous particuliers des autres

paroisses ou étrangers, d'en acheter, sous peine de cent livres d'amende, tant contre le vendeur que contre l'acheteur, par chaque tête de bétail vendue ou achetée en contravention de la présente disposition, sans préjudice néanmoins de ce qui sera réglé par l'art. 8 ci-après.

6. Fait pareillement Sa Majesté défense à tous particuliers, soit propriétaires de bêtes à cornes ou autres, de conduire aucuns des bestiaux sains ou malades, des villes ou paroisses de la campagne où la maladie se sera manifestée, dans aucunes foires ou marchés, et ce, sous peine de cinq cents livres d'amende par chaque contravention; de laquelle amende les propriétaires desdits bestiaux qui pourraient se servir d'étrangers pour les conduire auxdites foires et marchés, seront responsables en leur propre et privé nom.

7. Permet Sa Majesté à tous particuliers qui rencontreront, soit dans les pâturages publics, soit aux abreuvoirs, soit sur les grands chemins, soit aux foires ou marchés, des bêtes à cornes marquées de la lettre *M*, de les faire conduire devant le plus prochain juge royal ou seigneurial, lequel les fera tuer sur-le-champ en sa présence.

8. Pourront néanmoins les propriétaires des bêtes à cornes qui auront des bestiaux sains et non soupçonnés de maladie dans un lieu où quelques-uns des bestiaux auront été attaqués, vendre lesdits bestiaux sains et non soupçonnés de maladie aux bouchers qui voudront les ache-

ter, mais à la charge qu'ils seront tués dans les vingt-quatre heures de la vente , sans que lesdits bouchers puissent, sous aucun prétexte, les garder plus long-temps, à peine, tant contre lesdits propriétaires que contre lesdits bouchers. de deux cents livres d'amende pour chaque contravention, pour raison de laquelle amende lesdits propriétaires et lesdits bouchers seront solidaires.

9. Seront en outre tenus lesdits bouchers qui, dans les lieux où il y aura des bestiaux malades ou soupçonnés , achèteront des bestiaux sains, de prendre un certificat des propriétaires desquels ils feront lesdits achats, lequel sera visé de l'officier de police de la ville ou du syndic de la paroisse dans lesquelles les achats auront été faits, et contiendra le nombre et la désignation des bestiaux qu'ils auront achetés, et qu'ils n'ont eu aucun symptôme de la maladie ; comme aussi de représenter lesdits certificats à l'officier de police de la ville ou au syndic de la paroisse dans laquelle ils conduiront lesdits bestiaux , à l'effet de constater que les dits bestiaux seront tués dans les vingt-quatre heures de l'achat, le tout sous la même peine contre lesdits bouchers de deux cents livres d'amende pour chaque contravention et par chaque tête de bétail qui n'aurait pas été tué dans les vingt-quatre heures de l'achat.

10. Si aucuns desdits bouchers, abusant de la faculté qui leur est accordée par les deux précédens, revendaient aucuns des dits bestiaux,

à telle personne que ce puisse être, veut Sa Majesté qu'ils soient condamnés à cinq cents livres d'amende par chaque tête de bétail, même qu'il soit procédé extraordinairement contre eux, pour, après l'instruction faite, être prononcée telle peine afflictive ou infamante qu'il appartiendra.

11. Les bouchers qui, pour s'approvisionner des bestiaux dont ils auraient besoin, en achèteraient dans les lieux où la maladie n'aura point encore pénétré, seront tenus de prendre un certificat de l'officier de police de la ville ou du syndic de la paroisse dans laquelle ils feront leurs achats, lequel certificat fera mention de l'état de la paroisse sur le fait de ladite maladie, et du nombre et désignation des bestiaux qu'ils y auront achetés; comme aussi de représenter ledit certificat à l'officier de police de la ville ou au syndic de la paroisse de leur domicile, toutes fois et quantes ils en seront requis, pour justifier que lesdits bestiaux ont été achetés dans les lieux sains, et peuvent être conservés sans danger, sous peine de confiscation desdits bestiaux et de deux cents livres d'amende par chaque tête de bêtes à cornes.

12. Veut et entend pareillement Sa Majesté que tous les particuliers et habitans des villes ou des paroisses de la campagne où la maladie n'aura point pénétré, qui voudront conduire ou envoyer des bestiaux aux foires et marchés pour y être vendus, soient tenus, sous peine de confiscation de leurs bestiaux et de deux cents livres

d'amende pour chaque tête de bétes à cornes, de se munir d'un certificat de l'officier de police de ladite ville ou du syndic de ladite paroisse, visé par le curé ou par un des officiers de justice, lequel certificat fera mention de l'état de ladite ville ou paroisse, sur le fait de la maladie, et contiendra le nombre et la désignation desdits bestiaux, et sera ledit certificat représenté aux officiers de police, si aucun y a, ou aux syndics des paroisses des lieux où se tiendront les foires et marchés, avant l'exposition desdits bestiaux en vente.

13. Fait Sa Majesté très expresses inhibition et défense aux officiers de police et syndics des lieux et communautés où lesdites foires et marchés se tiendront, de permettre l'exposition d'aucuns desdits bestiaux, sans préalablement s'être assurés par la représentation desdits certificats du lieux d'où ils viennent, et que la maladie n'y a point pénétré; à peine contre les dits syndics des paroisses de cent livres d'amende, et contre lesdits officiers de police de destitution de leurs offices.

14. Si aucuns des officiers de police des villes et des syndics des paroisses de la campagne, dans les cas où il leur est enjoint par le présent arrêt de donner des certificats, en donnaient de contraires à la vérité, veut Sa Majesté qu'ils soient condamnés en mille livres d'amende, même poursuivis extraordinairement, pour, après l'instruction faite, être prononcée contre eux telle peine afflictive ou infamante qu'il appartiendra.

15. Veut Sa Majesté que dans tous les cas où les amendes prononcées par le présent arrêt seront encourues, les délinquans soient condamnés par corps au paiement des dites amendes, et qu'ils tiennent prison jusqu'au parfait paiement d'icelles.

16. Lesdites amendes seront remises au greffier de police pour les villes, ou au greffier des subdélégations dans chaque département pour les paroisses de la campagne, pour être distribuées, savoir : un tiers en conformité et dans le cas porté par l'art. 3 du présent arrêt, et le surplus ainsi qu'il sera ordonné par Sa Majesté, sur l'avis du sieur lieutenant-général de police de la ville de Paris et des sieurs intendans dans les provinces; enjoint Sa Majesté au sieur lieutenant-général de police à Paris, et aux sieurs intendans et commissaires départis dans les provinces, de tenir la main à l'exécution du présent arrêt, qui sera lu, publié et affiché partout où besoin sera, à ce que personne n'en ignore, et exécuté, nonobstant oppositions ou autres empêchemens quelconques, pour lesquels ne sera différé, et dont, si aucuns interviennent, Sa Majesté se réserve et à son conseil la connaissance, icelle interdisant à toutes ses cours et autres juges.

N° 101. Arrêt *du conseil, contenant les dispositions pour arrêter les progrès de la maladie épizootique dans les provinces méridionales* (1).

Versailles, 18 décembre 1774.

Le roi s'étant fait rendre compte de l'état et des progrès de la maladie contagieuse qui s'est répandue depuis plus de huit mois sur les bêtes à cornes dans les généralités de Bayonne, d'Auch et de Bordeaux, et qui commence à se communiquer dans celles de Montauban et de Montpellier; informé par les commandans et intendans desdites provinces, que la maladie se répand de plus en plus par la communication des bestiaux; qu'elle n'a épargné qu'un très-petit nombre d'animaux dans les villages où elle a pénétré; que tous les remèdes qui ont été tentés pour en arrêter les progrès, soit par des méde-

(1) Cet arrêt est encore en vigueur. V. ordonnance du 17 janvier 1815.

Il parut en même temps un ouvrage du célèbre Vicq-d'Azir, qui fut nommé commissaire par le gouvernement pour faire des recherches sur la maladie épidémique.

Des instructions et avis furent aussi publiés à ce sujet par ordre du roi. V. a. d. c. 10 avril 1714; 24 mars 1745; 13 mai 1746, a. d. p. de 1747, a. d. c. 19 juillet 1748; 30 janvier 1775; 7 avril, 11 mai 1780; a. d. p. de Dijon, 20 juillet 1780; a. d. c. 16 juillet 1784. Loi du 28 septembre 1791, art. 23, tit. 2; arrêté du 27 messidor an v; décision du 13 février 1808; décrets du 8 novembre 1810, et 6 janvier 1811. Code pénal, art. 460; ordonnance du 17 janvier 1815. Merlin et Hudigeon, *v°* Epizootie.

cins du pays, soit par les élèves des écoles vétérinaires, que Sa Majesté a fait passer dans lesdites provinces pour les secourir, n'ont eu jusqu'à présent que peu de succès, et qu'ils laissent peu d'espérance de pouvoir guérir les animaux infectés de cette contagion, qui s'annonce avec tous les caractères d'une maladie putride, inflammatoire et pestilentielle; qu'il est important et pressant de recourir aux moyens les plus efficaces pour empêcher que ce fléau, en continuant de s'étendre de proche en proche, ne se répande en peu de temps dans d'autres provinces du royaume; que dans les états étrangers limitrophes qui ont été infectés de la même maladie pendant les années précédentes, on n'est parvenu à conserver la plus grande partie du bétail qu'en sacrifiant un petit nombre d'animaux malades dès qu'ils ont eu les premiers symptômes de cette maladie; que ce parti, tout rigoureux qu'il est, est cependant le seul qui reste à prendre pour prévenir les maladies d'une contagion ruineuse pour les propriétaires des bestiaux et la destruction de l'agriculture dans les provinces exposées à ces ravages. Dans ces circonstances, ouï le rapport du sieur Turgot, conseiller ordinaire au conseil royal, contrôleur-général des finances; le roi étant en son conseil, en renouvelant les ordres les plus précis pour faire exécuter exactement dans toutes les provinces infectées, et dans celles qui sont limitrophes, l'arrêt du conseil du 31 janvier 1771, a ordonné et ordonne ce qui suit :

1. Toutes les villes, bourgs et villages voisins de ceux où la contagion est présentement établie, seront visités par les artistes vétérinaires, les maréchaux ou experts qui auront été pour ce commis par les intendans desdites provinces, à l'effet de reconnaître et de constater l'état de santé ou de maladie de toutes les bêtes à cornes dans lesdits villages ou bourgs.

2. Dans le cas où quelques animaux se trouveraient attaqués de la maladie contagieuse, annoncée par des symptômes non équivoques, il en sera dressé procès-verbal par les artistes maréchaux ou experts, en présence du syndic de la commune dans lesdits villages, et en celle des officiers municipaux dans les villes ou dans les faubourgs ; il sera constaté en même temps par ledit procès-verbal ou par un acte de notoriété y joint, qu'aucun animal dans ladite ville, bourg ou village, n'est mort précédemment de la contagion.

3. Aussitôt après la confection desdits procès-verbaux, lesdites bêtes malades seront tuées et enterrées avec leurs cuirs, jusqu'à concurrence des dix premières seulement, à la diligence desdits syndics et officiers municipaux, dans chaque ville, bourg ou village où ladite contagion commencera à se déclarer.

4. Les sieurs intendans et commissaires départis dans les provinces feront payer à chaque propriétaire le tiers de la valeur qu'auraient eue les propriétaires des animaux qui auront été sacrifiés, s'ils eussent été sains, et ce, sur l'esti-

mation qui en sera faite par lesdits artistes, maréchaux et experts, à la suite de leurs dits procès-verbaux; laquelle indemnité sera imputée sur les fonds à ce destinés par Sa Majesté.

5. Lesdits sieurs intendans enverront, à la fin de chaque mois, au sieur contrôleur-général des finances, l'état des villes, bourgs et villages où la maladie aura pénétré; ensemble le nombre et la quantité des bêtes malades qui auront été tuées dans lesdits lieux de leurs généralités, et des sommes qui leur auront été payées en indemnité, à raison du tiers de la valeur de chaque animal, ainsi que des autres dépenses nécessaires pour l'exécution du présent arrêt.

6. Fait Sa Majesté très-expresses inhibition et défense à tous propriétaires de bestiaux, de cacher ou receler aucune bête saine ou malade, lors des visites qui seront faites en exécution du présent arrêt, à peine de cinq cents livres d'amende, payables par corps et sans pouvoir être modérées.

7. Enjoint Sa Majesté aux lieutenans et officiers de police dans les villes, aux sieurs intendans et commissaires départis, de tenir la main à l'exécution du présent arrêt, qui sera publié et affiché partout où besoin sera, et de rendre à cet effet toutes les ordonnances nécessaires, lesquelles seront exécutées nonobstant toutes oppositions ou appellations quelconques, Sa Majesté se réservant d'en connaître en son conseil; et seront tenus lesdits officiers et cavaliers de maréchaussée d'exécuter les ordres qui leur se-

ront adressés par lesdits sieurs intendans pour assurer l'exécution du présent arrêt.

Nº 139. ARRÊT *du conseil, contenant des mesures contre les maladies épizootiques* (1).

Versailles, 30 janvier 1775.

Le roi étant informé que la maladie contagieuse sur les bêtes à cornes continue ses ravages dans les provinces de Guyenne, de Navarre et de Béarn, et dans quelques autres provinces méridionales du royaume, s'est fait représenter l'arrêt rendu en son conseil le 18 décembre 1774, qui ordonne de tuer dans chacune des paroisses nouvellement attaquées de cette maladie les dix premières bêtes qui tomberont malades seulement, et qui prescrit les formalités qui doivent être observées dans ce cas. Sa Majesté a reconnu, par le compte qui lui a été rendu des observations faites par ses ordres dans ces provinces, que cette maladie ne se répand que par la communication des bestiaux entre eux, et par l'abus que peuvent faire des personnes imprudentes ou mal intentionnées, des cuirs des animaux malades, et autres objets capables de répandre la contagion ; elle a jugé qu'il était de sa prudence et de son amour pour ses peuples de prendre les mesures les plus certaines, non seulement pour arrêter les progrès

(1) En vigueur. Ordonn. du 27 janvier 1815. V. 18 décembre 1774.

de cette maladie, mais pour en détruire, autant qu'il est possible, toutes les semences.

A quoi désirant pourvoir : ouï le rapport du sieur Turgot, etc. Le roi étant en son conseil, ordonne que l'arrêt du 18 décembre 1774 sera exécuté selon sa forme et teneur ; et Sa Majesté l'interprétant, étendant ses dispositions en tant que de besoin, ordonne que tous les animaux qui seront reconnus malades de cette maladie seront tués sur-le-champ et enterrés, en suivant les précautions et les formalités ordonnées par ledit arrêt du 18 décembre 1774, aussitôt qu'on aura bien constaté les signes de l'épizootie. Veut Sa Majesté qu'il soit tenu compte au propriétaire du tiers de la valeur qu'ils auraient eue s'ils avaient été sains.

Ordonne que les cuirs des animaux tués en conséquence du présent arrêt ou morts de leur mort naturelle, seront tailladés de manière qu'on ne puisse plus en faire usage : fait Sa Majesté très-expresses inhibition et défense à toutes personnes, sous quelque prétexte que ce puisse être, de conserver aucuns cuirs provenant d'animaux suspects de ladite maladie, de les préparer, transporter, vendre ou acheter, ainsi que les fumiers, râteliers et autres choses à l'usage desdits animaux, et reconnus capables de porter la contagion, sous peine de cinq cents livres d'amende contre chacun des contrevenans. Enjoint Sa Majesté aux gouverneurs et commandans, et aux intendans et commissaires départis dans ses provinces, etc. , etc.

N° 1955. — *Arrêt du conseil, sur les maladies des animaux, la morve et autres* (1).

Versailles, 16 juillet 1784.

Le roi étant informé des ravages qu'occasionent sur les animaux, dans différentes provinces de son royaume, les maladies contagieuses dont ils sont attaqués, notamment celle de la morve, et considérant que cette maladie, contre laquelle on n'a trouvé jusqu'à présent aucun remède curatif, se communique, se propage et se perpétue par toute sorte de voies ; que l'écurie où un cheval atteint de la morve n'a fait que passer, les harnais et tout ce qui lui a servi, reçoivent et communiquent ce vice épidémique, qui ne tarde pas à se développer ; qu'une des causes principales de la contagion ne peut être attribué qu'à la négligence et à un intérêt mal entendu des propriétaires, marchands de chevaux et de bestiaux, qui, au lieu de déclarer le mal dès son principe, cherchent à le déguiser jusqu'à ce que les animaux qui en sont atteints soient absolument hors d'état de service ; que des écarisseurs et autres, après avoir acheté des chevaux et bêtes frappés de mal, sous prétexte de les guérir ou les abattre, en font un trafic funeste, même dans la vente des parties mortes. Sa Majesté jugeant nécessaire de réprimer des abus aussi

---

(1) En vigueur. V. ordonn. du 27 janvier 1813 ; ordonn. de pol. 21 février 1820 ; a. d. p. 24 mars 1745, a. d. c. 19 juillet 1746 ; art. 459, 460, 461, 462, 484, C. p.

contraires à l'agriculture et au commerce, et voulant y pourvoir : ouï le rapport, etc.

Art. 1er. Toutes personnes, de quelque qualité et condition qu'elles soient, qui auront des chevaux et bestiaux atteints ou soupçonnés de la morve ou de toute autre maladie contagieuse, telles que le charbon, la gale, la clavelée, le farcin et la rage, seront tenues, à peine de 500 liv. d'amende, d'en faire sur-le-champ leur déclaration aux maires, échevins ou syndics des villes, bourgs et paroisses de leur résidence, pour être lesdits chevaux et bestiaux vus et visités sans délai, en la présence desdits officiers, par les experts vétérinaires les plus prochains, lesquels se transporteront à cet effet dans les écuries, étables, et bergeries pour reconnaître et constater exactement l'état des chevaux et animaux qui leur ont été déclarés.

Art. 2. Autorise Sa Majesté les sieurs intendans et commissaires départis dans les différentes provinces du royaume, à nommer autant d'experts qu'ils le jugeront à propos pour lesdites visites, choisir par préférence parmi les élèves des écoles vétérinaires, à leur défaut, par les maréchaux ou autres qui auront les certificats d'étude et de capacité du directeur de l'école vétérinaire, ou qui auront subi un examen sur les demandes qui leur en seront faites en présence dudit sieur commissaire, par deux artistes vétérinaires du département.

Art. 3. Seront tenus lesdits experts de prêter leur ministère toutefois et quantes ils en seront

requis par les officiers de maréchaussée, subdélégués, officiers municipaux et syndics, pour
examiner les chevaux et bestiaux suspects; comme
aussi de se transporter à cet effet dans les marchés publics et dans les écuries des maîtres de
poste, des entrepreneurs de messageries ou
roulages et loueurs de chevaux, même aussi dans
les écuries, bergeries et étables des particuliers,
sur les déclarations et dénonciations de mal contagieux qui auraient été faites à leur égard, en se
faisant toutefois, audit cas, autoriser par le juge
du lieu et accompagner d'un officier municipal,
ou du syndic de la paroisse. Fait défense Sa
Majesté à toutes personnes de refuser l'entrée de
leurs écuries, étables et bergeries auxdits experts ainsi assistés, et d'apporter aucun obstacle
à ce qu'il soit procédé, conformément à ce que
dessus, auxdites visites, dont il sera dressé procès-verbal, lors duquel, en cas de difficultés, les
parties intéressées pourront faire tels dires et
réquisitions qu'elles aviseront, et il y sera statué
provisoirement et sans aucun délai par le juge
qui aura autorisé la visite.

Art. 4. Défenses sont faites à tous maréchaux,
bergers et autres, de traiter aucun animal attaqué de la maladie contagieuse et pestilentielle
sans en avoir fait la déclaration aux officiers municipaux et syndics de leur résidence, lesquels en
rendront compte sur-le-champ au subdélégué,
qui fera appliquer sans délai sur le front de la
bête malade un cachet en cire verte portant ces
mots : *Animal suspect*, pour dès cet instant être

les chevaux et les autres animaux qui auront été ainsi marqués, conduits et enfermés dans des lieux séparés et isolés ; fait pareillement défense Sa Majesté à toutes personnes de les laisser communiquer avec d'autres animaux, ni de les laisser vaguer dans des pâturages communs, le tout sous la même peine d'amende.

Art. 5. Les chevaux qui auront été attaqués de la morve et les autres bestiaux dont la maladie contagieuse aura été reconnue incurable par les experts, seront abattus sans délai, ensuite ouverts par lesdits experts, lesquels appelleront à l'abattage et ouverture desdits animaux un officier municipal ou syndic, qui en dressera procès-verbal, pour être envoyé audit sieur commissaire départi ou à son subdélégué, et ce procès-verbal contiendra en détail le caractère de la maladie de l'animal et les précautions pour éviter la contagion.

Art. 6. Les chevaux et bestiaux morts et abattus pour cause de morve ou de toute autre maladie contagieuse pestilentielle, seront enterrés (chairs et ossemens) dans des fosses de dix pieds de profondeur, qui ne pourront être ouvertes plus près de cent toises de toute habitation, et les peaux en seront tailladées ; les écuries dans lesquelles auront séjourné des chevaux morveux, ainsi que les étables et bergeries qui auront servi aux animaux attaqués de maladies contagieuses, seront, à la diligence des officiers municipaux et experts, aérées et purifiées ; lesdits lieux ne pourront être occupés par aucuns autres animaux que lorsqu'ils auront été puri-

fiés et qu'il se sera écoulé un temps suffisant
pour en ôter l'infection ; les équipages, les harnais et colliers seront brûlés ou échaudés, conformément à ce qui sera prescrit par le procès-verbal d'abattage qui aura été dressé, et dont sera
laissé copie, pour par les propriétaires ou autres
s'y conformer, ainsi qu'à toutes les précautions
qui auront été indiquées par les experts, à l'effet
d'éviter la contagion; le tout sous la même peine
de 500 liv. d'amende.

Art. 7. Fait sa Majesté défense, sous les
mêmes peines , à tous marchands de chevaux et
autres, de détourner, sous quelque prétexte que
ce soit, vendre ou exposer en vente, dans les
foires et marchés ou partout ailleurs , des chevaux et bestiaux atteints ou suspectés de morve
ou de maladies contagieuses, et aux hôteliers,
cabaretiers, laboureurs et autres, de recevoir
dans leurs écuries ou étables ordinaires aucuns
chevaux ou animaux soupçonnés de semblables
maladies , auquel cas ils seront tenus d'en faire
aussitôt la déclaration ci-dessus prescrite.

Art. 8. Autorise Sa Majesté lesdits sieurs
commissaires départis et leurs subdélégués à
commettre dans les villes, bourgs et villages de
leurs généralités , tel nombre d'écarisseurs qui
sera jugé nécessaire, lesquels seuls pourront
faire l'enlèvement et l'écarissage des animaux
morts dans les arrondissemens qui leur seront
prescrits, auxquels il sera délivré sans frais une
commission par lesdits sieurs intendans et subdélégués, sans qu'aucuns autres puissent s'im-

miscer dans l'écarissage des chevaux et bestiaux, à peine de prison.

Art. 9. Les écarisseurs ne pourront, sous peine d'être déchus de leur commission, d'amende ou de telle autre punition qu'il appartiendra, vendre et débiter aucune viande qui proviendra des chevaux ou animaux qui, suivant l'art. 2, auront été abattus pour être enterrés.

Art. 10. Autorise Sa Majesté toutes personnes à dénoncer les contraventions qui pourront être faites aux dispositions du présent arrêt; et lorsqu'elles auront été bien et dûment constatées, le tiers des amendes qui auront été prononcées et qui seront payables sans déport, appartiendra au dénonciateur, auquel il sera en outre accordé une récompense proportionnée au mérite de la dénonciation.

Art. 11. Seront tenus les maires et échevins dans les villes, et les syndics dans les campagnes, d'informer, au premier avis qu'ils en auront, les intendans et leurs subdélégués, des maladies contagieuses ou épizootiques qui se manifesteront dans l'étendue de leur arrondissement, à peine d'être rendus personnellement responsables de tous dommages qui pourraient résulter de leur négligence.

Art. 12. Toutes les amendes encourues aux termes des articles ci-dessus, seront payées sans déport, et les contrevenans y seront contraints par toutes voies dues et raisonnables, même par l'emprisonnement de leurs personnes.

Art. 13. Et seront les ordonnances rendues

pour la police du marché aux chevaux, et notamment celle du 8 juillet 1763, exécutées en
leur contenu.

Art. 14. Ordonne Sa Majesté que, conformément aux attributions ci-devant données tant
au sieur lieutenant-général de police de la ville
de Paris qu'aux sieurs commisssaires départis
dans les provinces du royaume, chacun en droit
soi, ils continuent d'avoir, exclusivement à tous
autres juges, la connaissance des contestations
qui pourraient survenir sur l'exécution du présent arrêt, ainsi que des précédens réglemens
et ordonnances intervenus au même sujet, sauf
l'appel au conseil : leur enjoint, ainsi qu'aux
maires, échevins et syndics, de tenir la main à
l'exécution du présent arrêt, et aux officiers et
cavaliers de maréchaussée et tous autres, de
prêter main forte et assistance nécessaires à cet
effet.

*Décret du 16 août 1790, sanctionné le 24, sur
l'organisation judiciaire.—Titre XI, art. 3. Les
objets de police confiés à la vigilance et à
l'autorité des corps municipaux sont, etc.*

N° 5. Le soin de prévenir par les précautions convenables, et celui de faire cesser par
la distribution des secours nécessaires, les accidens et fléaux calamiteux, tels que les épi-
démies, les épizooties, en provoquant aussi,
dans ces deux derniers cas, l'autorité des administrations de département et de district.

Décret du 28 septembre 1791, sanctionné le 6 octobre. — Titre 1er, section 4, art. 19. Des troupeaux, des clôtures, du parcours et de la vaine pâture.

Art. 19. Aussitôt qu'un propriétaire aura un troupeau malade, il sera tenu d'en faire la déclaration à la municipalité ; elle assignera sur le terrain du parcours ou de la vaine pâture, si l'un ou l'autre existe dans la paroisse, un espace où le troupeau malade pourra pâturer exclusivement, et le chemin qu'il devra suivre pour se rendre au pâturage ; si ce n'est point un pays de parcours ou de vaine pâture, le propriétaire sera tenu de ne point faire sortir de ses héritages son troupeau malade.

Art. 20. Les corps administratifs emploieront constamment les moyens de protection et d'encouragement qui sont en leur pouvoir pour la multiplication des chevaux, des troupeaux et de tous bestiaux de race étrangère qui seront utiles à l'amélioration de nos espèces, et pour le soutien de tous les établissemens de ce genre.

Ils encourageront les habitans des campagnes par des récompenses et suivant les localités, à la destruction des animaux malfaisans qui peuvent ravager les troupeaux, ainsi qu'à la destruction des animaux et des insectes qui peuvent nuire aux récoltes.

Ils emploieront particulièrement tous les moyens de prévenir et d'arrêter les épizooties et la contagion de la morve des chevaux.

*(II Bull., 190).*N° 1148. *Loi qui autorise le comité des secours à régler les indemnités des communes dans lesquelles ont régné des maladies épidémiques ou épizootiques.*

8 vendémiaire an IV. (30 septembre 1795.)

La Convention, etc., décrète :

Art. 1er. Le comité des secours est autorisé à régler les indemnités dont doivent jouir les communes dans lesquelles ont régné les maladies épidémiques ou épizootiques.

Art. 2. La commission des secours fera passer sur les fonds mis à sa disposition les sommes qui, en exécution de l'article précédent, auront été déterminées par le comité des secours.

Arrêté du directoire exécutif, qui ordonne l'exécution de mesures destinées à prévenir la contagion des maladies épizootiques (n. 1294). 27 messidor an V. (15 juillet 1797).

Circulaire du ministre de l'intérieur aux administrations centrales et municipales.

Paris, 25 messidor an V. (11 juillet 1797).

« Il règne sur les bêtes à cornes des départemens du nord et de l'est une *épizootie* meurtrière, qui s'est annoncée d'abord par des symptômes peu alarmans. Je n'en ai pas plutôt été instruit, que j'ai envoyé de Paris des artistes vétérinaires éclairés pour en prendre connaissance.

Des instructions rédigées par eux sur les lieux et à leur retour ont été publiées et répandues dans tous les pays qu'ils avaient parcourus. La maladie a paru se ralentir pendant quelque temps, mais elle reprend avec plus de force, et la rapidité de ses progrès, et le nombre effrayant des animaux qu'elle tue ne permettent plus de douter qu'elle ne soit contagieuse au plus haut degré. Cet objet étant de la plus grande importance, et les moyens de police étant les seuls capables d'empêcher la communication, j'ai cru qu'il était de mon devoir de rappeler l'esprit des lois et réglemens rendus en pareille circonstance et qui n'ont point été abrogés; je n'ai eu qu'à concilier les dispositions de ces lois avec l'ordre constitutionnel : j'y ajouterai une courte instruction sur la manière reconnue comme la plus propre à prévenir cette maladie, et à la guérir dans les animaux affectés. »

Mesures de police pour arrêter la communication.

« Tout propriétaire ou détenteur de bêtes à cornes, à quelque titre que ce soit, qui aura une ou plusieurs bêtes malades ou suspectes, sera obligé, sous peine de 500 livres d'amende, d'en avertir sur-le-champ l'agent de sa commune, qui les fera visiter par l'expert le plus prochain, ou par celui qui aura été désigné par le département ou le canton. (*Arrêt du parlement du* **24** *mars 1745; arrêt du conseil du 19 juillet 1746, art. 3 ; autre du 16 juillet 1784, art. 1er*).

» Lorsque, d'après le rapport de l'expert, il

sera constaté qu'une ou plusieurs bêtes seront malades, l'agent veillera à ce que ces animaux soient séparés des autres et ne communiquent avec aucun animal de la commune. Les propriétaires, sous quelque prétexte que ce soit, ne pourront les faire conduire dans les pâturages ni aux abreuvoirs communs, et ils seront tenus de les nourrir dans des lieux renfermés, sous peine de 100 francs d'amende. (*Arrêt du conseil du 19 juillet 1746, art. 2.*)

» L'agent en informera, dans le jour, le commissaire du directoire exécutif du canton, auquel il indiquera le nom du propriétaire, et le nombre des bêtes malades. Le commissaire du directoire exécutif fera part du tout à l'administration centrale du département. (*Arrêt du conseil du 19 juillet 1746.*)

« Aussitôt qu'il sera prouvé à l'agent que l'épizootie existe dans une commune, il en instruira tous les propriétaires de bestiaux de ladite commune par une affiche posée aux lieux où se placent les actes de l'autorité publique; laquelle affiche enjoindra aux propriétaires de déclarer à l'agent le nombre de bêtes à cornes qu'ils possèdent, avec désignation d'âge, de taille, de poil, etc. Copie de ces déclarations sera envoyée au commissaire du directoire exécutif près l'administration municipale du canton, et par celui-ci à l'administration centrale du département. (*Arrêt du conseil du 19 juillet 1746, art. 4.*)

» En même temps, l'agent municipal fera marquer sous ses yeux toutes les bêtes à cornes de sa commune avec un fer chaud représentant la lettre *M*. Quand l'administration centrale du département se sera assurée que l'épizootie n'a plus lieu dans son ressort, elle ordonnera une contre-marque, telle qu'elle le jugera à propos, afin que les bêtes puissent aller et être vendues partout, sans qu'on ait rien à craindre. (*Arrêt du conseil du 19 juillet 1746, et arrêt du conseil du 16 juillet 1784.*)

» Afin d'éviter toute communication des bestiaux de pays infestés avec ceux de pays qui ne le sont pas, il sera fait de temps en temps des visites chez les propriétaires de bestiaux, dans les communes infectées, pour s'assurer qu'aucun animal n'en a été distrait. (*Arrêt du 24 mars 1745, art. 1er.*)

» Si au mépris des dispositions precédentes, quelqu'un se permet de vendre ou d'acheter aucune bête marquée dans un pays infecté, pour la conduire dans un marché ou une foire, ou même chez un particulier de pays non infecté, il sera puni de 500 francs d'amende. Les propriétaires des bêtes qui les feront conduire par leurs domestiques ou autres personnes dans les marchés ou foires, ou chez des particuliers de pays non infecté, seront responsables du fait de ces conducteurs. (*Art. 5 et 6 de l'arrêt du conseil du 19 juillet 1746.*)

» Il est enjoint à tout fonctionnaire public qui trouvera sur les chemins, ou dans les foires ou marchés, des bêtes à cornes marquées de la lettre *M.*, de les conduire devant le juge de paix, lequel les fera tuer en sa présence. (*Art.* 8 *de l'arrêt du conseil, du* 19 *juillet* 1746.)

» Pourront, néanmoins, les propriétaires de bêtes saines en pays infecté, en faire tuer chez eux, ou en vendre aux bouchers de leurs communes, mais aux conditions suivantes :

» 1° Il faudra que l'expert ait constaté que ces bêtes ne sont point malades;

» 2° Le boucher n'entrera point dans l'étable;

» 3° Le boucher tuera les bêtes dans les vingt-quatre heures;

» 4° Le propriétaire ne pourra s'en dessaisir, et le boucher les tuer, qu'ils n'en aient la permission par écrit de l'agent, qui en fera mention sur son état. Toute contravention à cet égard sera punie de 200 fr. d'amende; le propriétaire et le boucher demeurant solidaires. (*Art.* 8 *de l'arrêt du conseil du* 19 *juillet* 1746.)

» Il est ordonné de tenir, dans les lieux infectés, tous les chiens à l'attache, et de tuer tous ceux qu'on trouverait divaguans. (*Loi du* 19 *juillet* 1791.)

» Tout fonctionnaire public qui donnera des certificats et attestations contraires à la vérité, sera condamné en 1000 francs d'amende, même poursuivi extraordinairement. (*Art.* 14 *de l'arrêt du* 24 *mars* 1745.)

» Dans tous les cas où les amendes pour des objets relatifs à l'épizootie seront appliquées, aucun juge ne pourra les remettre ni les modérer; les jugemens qui interviendront en conséquence seront exécutés par provision, et les délinquans, au surplus, soumis aux lois de la police correctionnelle. (*Art. 7 et 8 de l'arrêt du parlement de 1745 ; art. 15 de celui du conseil de 1746, et art. 12 de celui de 1784.*)

» Aussitôt qu'une bête sera morte, au lieu de la traîner, on la transportera à l'endroit où elle doit être enterrée, qui sera autant que possible au moins à cinquante toises des habitations; on la jettera seule dans une fosse de huit pieds de profondeur, avec sa peau tailladée en plusieurs parties, et on la recouvrira de toute la terre sortie de la fosse. Dans le cas où le propriétaire n'aurait pas la facilité d'en faire le transport, l'agent municipal en requerra un autre, et même les manouvriers nécessaires, à peine de 50 francs contre les refusans. Dans les lieux où il y a des chevaux, on préférera de faire traîner par eux les voitures chargées de bêtes mortes, lesquelles voitures seront lavées à l'eau chaude après le transport. Il est défendu de les jeter dans les bois, dans les rivières ou à la voirie, et de les enterrer dans les étables, cours et jardins, sous peine de 300 fr. d'amende et de tous dommages et intérêts. (*Art. 5 de l'arrêt du parlement de 1745, et art. 6 de celui du conseil de 1784.*)

» Enfin, les corps administratifs, conformément au décret du 28 septembre 1791, emploieront tous les moyens de prévenir et d'arrêter l'épizootie; et, en conséquence, le gouvernement compte sur leur zèle pour faire faire les patrouilles, mettre la plus grande célérité dans l'exécution des lois, et ne rien épargner soit pour préserver leur pays de la contagion, soit pour en arrêter les progrès. Lorsque l'épizootie sera déclarée dans leur ressort, ils sont chargés d'en informer les administrations des départemens voisins, et je leur recommande très-expressément de m'en faire part sur-le-champ, ainsi que des progrès que pourra faire la maladie.

» Ce n'est qu'en suivant avec une rigueur très-scrupuleuse les mesures que j'ai indiquées, qu'il sera possible de prévenir dans la plupart des départemens, et d'arrêter dans ceux qui sont infectés les effets d'une contagion ruineuse pour l'agriculture en général, et pour les propriétaires.

Caractère de la maladie.

» Dans tous les lieux où règne l'épizootie, les hommes de l'art qui l'ont observée s'accordent à la regarder comme une inflammation générale, qui se termine toujours par celle du poumon ou du foie, le plus souvent par la première.

Cause de la maladie.

» L'altération des fourrages par l'effet des pluies qui régnèrent l'année dernière et occasionèrent le débordement des ruisseaux et des rivières, à l'époque de la récolte des foins, doit sans doute être considérée comme une des causes principales de l'épizootie. C'est sur les bords de la Meuse, de la Moselle, du Rhin, de la Nak et de quelques autres rivières dont les prairies ont

été submergées, qu'elle s'est d'abord déclarée.
Averti des effets funestes que devait produire
une submersion aussi générale, je fis répandre
sur les moyens de les prévenir une instruction
dont je ne puis trop recommander la lecture aux
cultivateurs qui se trouvent cette année dans le
même cas.

Traitement de la maladie.

» Dès qu'une bête à cornes paraît affectée de
la maladie régnante, on ne doit point hésiter à
soumettre au traitement toutes celles de l'étable,
quel qu'en puisse être le nombre.

» L'expérience ayant constamment prouvé que
les animaux qui guérissaient sans autre secours
que ceux de la nature, devaient leur guérison à
une éruption dont leur corps se couvrait, toutes
les vues de l'art doivent se diriger vers les
moyens d'amener cette éruption ou de la suppléer.

» Ce serait en vain qu'on attendrait ces effets
des cordiaux qu'on emploie presque exclusivement dans ces sortes de maladies. Le vin, l'eau-
de-vie, le cidre, la bierre, le poivre, la cannelle,
le girofle, la noix muscade, le gingembre, l'or-
viétan, le mithridate, la thériaque, le quinquina
et un grand nombre d'autres médicamens échauf-
fans, ne produisent sur les bêtes à cornes aucun
effet à petites doses; à grandes doses, ils augmentent considérablement l'inflammation, et précipitent la perte des animaux.

» Ce n'est que par les applications extérieures qu'on peut se flatter d'obtenir ces dépôts si conformes aux vœux de la nature.

» Le séton, chargé d'un caustique, remplit parfaitement le double objet d'attirer au dehors l'humeur qui tend à se porter sur le poumon ou le foie, et d'en favoriser l'évacuation.

» Le fanon, que dans quelques lieux on nomme la *lampe*, la *nappe*, est la partie qu'on doit préférer pour y placer le séton.

» Il doit être placé de manière que les deux ouvertures se répondent de haut en bas, afin que l'humeur puisse s'écouler aisément.

» Pour établir un point d'irritation capable d'attirer brusquement cette humeur au dehors, on attache sur le milieu du séton un morceau d'ellébore noir, ou l'on y fixe avec un peu de linge du sublimé ou de l'arsenic en poudre.

» Lorsque l'engorgement a acquis le volume d'une tête humaine, on retourne le séton pour en tirer l'ellébore ou autre caustique dont on l'a chargé.

» Dans le cas où le séton ainsi préparé ne produirait pas, dans l'espace de quinze à vingt heures, un engorgement aussi considérable, on appliquera sur les deux côtés de la poitrine, après avoir rasé le poil, un large cataplasme vésicatoire, composé avec une once de mouches cantharides et une once d'euphorbe, étendues dans une suffisante quantité de levain, qu'on maintiendra avec un bandage et qu'on entretiendra jusqu'à parfaite guérison.

» On placera tous les jours, une heure le matin et autant le soir, dans la gueule de l'animal, un billot autour duquel on aura disposé et maintenu avec un linge, de l'ail, du poivre, de l'assafœtida, des racines de poivre d'eau, d'arum ou pied de veau, des feuilles ou des racines de grand raifort, des feuilles de tabac; le tout haché et pilé : une seule de ces substances peut suppléer toutes les autres.

» On donnera, autant qu'il sera possible, des alimens de la meilleure qualité. Il sera bon de les asperger d'eau, sur un seau de laquelle on aura fait dissoudre une poignée de sel.

» Lorsqu'il sera possible de faire boire les animaux à l'étable, on blanchira leur eau avec un peu de son, et on y mettra un verre de vinaigre sur dix pintes ou environ.

» Le bouchonnement très-souvent répété, l'évaporation d'eau chaude sous le ventre, les bains de rivière même, lorsque l'eau sera échauffée, favorisent puissamment la transpiration; les lavemens avec l'eau légèrement vinaigrée produisent aussi de très-bons effets.

» La propreté des étables, le soin de les tenir très-aérées, sont des conditions également essentielles. Lorsqu'il y aura eu des animaux malades, on se gardera bien d'y remettre de sains avant de les avoir purifiées. »

Désinfection des étables.

« Les fumigations aromatiques ou autres tant vantées, ainsi que le simple blanchissage avec la chaux, sont des moyens insuffisans pour purifier des étables infectées. C'est de l'eau et du feu, et surtout de leur combinaison qu'on peut attendre cet effet; les murs, les mangeoires, les râteliers seront lavés très-exactement avec de l'eau bouillante, et on les ratissera avec des balais de bruyère, de genêt, et mieux encore avec de fortes brosses quand on pourra s'en procurer. On ne blanchira jamais à la chaux qu'après avoir ainsi lavé et ratissé. Si l'étable est pavée, il faudra laver avec l'eau bouillante et ratisser également les pavés. Si le sol est en terre, on en enlèvera une couche de deux ou trois pouces, qu'on brûlera ou qu'on enfouira dans une fosse dont la terre qu'on en aura retirée remplacera celle enlevée de l'étable. On aura soin de battre le sol pour l'unir, l'affermir et s'opposer à l'évaporation qui pourrait s'élever des couches inférieures. On tiendra, pendant quelque temps, les écuries ouvertes jour et nuit, et l'on n'y remettra des animaux que lorsqu'elles seront parfaitement sèches. »

Le ministre de l'intérieur,
Signé BENEZECH.

Vu la lettre ci-dessus, écrite par le ministre de l'intérieur aux administrations centrales et municipales, sur les mesures à prendre pour prévenir la contagion des maladies épizootiques, ainsi que de l'instruction qui est en suite, sur le caractère, les causes de l'épizootie et le traitement de la maladie;

Le Directoire exécutif arrête que lesdites

lettre et instruction seront imprimées au Bulletin des lois ; charge les administrations de veiller à l'exécution des mesures et des dispositions contenues dans lesdites lettre et instruction.

Arrêté qui ordonne la promulgation, dans les départemens réunis, d'une instruction et de l'extrait d'un arrêté du ci-devant conseil sur les maladies épizootiques et de la morve.

(17 vend. an xi. 9 octobre 1802. — III bull. 223, n° 2032.)

Les consuls de la république, sur le rapport du ministre de l'intérieur, arrêtent :

Art. 1er L'arrêté du directoire exécutif du 27 messidor an v, concernant les maladies épizootiques et l'instruction publiée par le ministre de l'intérieur le 9 fructidor suivant, sur la morve, ensemble les dispositions de l'arrêt du ci-devant conseil du 16 août 1784, en ce qu'elles ont de relatif auxdites maladies, seront promulgués dans les départemens réunis, suivant la forme constitutionnelle.

Art. 2. Le grand-juge, ministre de la justice, et le ministre de l'intérieur, sont chargés de l'exécution du présent arrêté.

MONITEUR DU 8 FRUCTIDOR AN II (26 AOUT 1803.)

PRÉFECTURE DE POLICE.

Ordonnance concernant les bestiaux malades.

Paris, le 5 fructidor an XI.

Le conseiller d'état préfet de police, vu les articles II, XXIII et XXXIII de l'arrêté des consuls du 12 messidor an 8, et celui du 3 brumaire an IX, ordonne ce qui suit :

Art. 1er. Dans les communes rurales du ressort de la préfecture de police, les propriétaires ou dépositaires de moutons, de bêtes à cornes et chevaux atteints de maladie, sont tenus d'en faire sur-le-champ la déclaration au maire de leurs communes respectives, et d'en indiquer exactement le nombre, à peine de 100 fr. d'amende.

Art. 2. Pour s'assurer si les propriétaires ou dépositaires de bestiaux se sont conformés à l'article précédent, les animaux malades seront visités en présence du maire, par des experts nommés à cet effet.

Art. 3. Les animaux malades seront séparés dans les bergeries, étables ou écuries particulières, suivant les circonstances.

Art. 4. Il est expressement défendu de laisser vaguer les animaux malades dans les parcours et sur les routes, et de les laisser communiquer avec les animaux qui sont sains.

Art. 5. Les animaux malades qui seront rencontrés au pâturage, sur les terres de parcours ou de vaine pâture, seront saisis par les gardes champêtres, et même par toutes autres personnes, et conduits dans l'endroit qui sera indiqué par le maire.

Art. 6. Il est défendu d'amener sur les marchés de Sceaux et de Poissy, de la Chapelle-Saint-Denis, de la Maison-Blanche, à la halle aux veaux de Paris, au marché aux chevaux et à la foire Saint-Denis, des animaux atteints de maladies, à peine de 300 fr. d'amende.

Art. 7. Les animaux amenés sur ces marchés seront visités par des experts avant leur exposition en vente sur lesdits marchés.

Art. 8. Si, en contravention aux deux articles précédens, des animaux atteints de maladies, sont amenés sur les marchés, ils seront traités dans des endroits particuliers, aux frais des propriétaires.

Art. 9. Les bergeries, bouveries et écuries dans lesquelles auront séjourné des animaux malades, ne pourront servir qu'après avoir été désinfectées, sous la surveillance des maires, d'après les procédés indiqués à la suite de la présente ordonnance.

Art. 10. Les animaux morts seront enfouis dans le jour, avec leurs peau et laine, à un mètre trente-quatre centimètres de profondeur (quatre pieds), hors de l'enceinte des communes : le tout aux frais des propriétaires.

Art. 11. Il sera pris, envers les contrevenans aux dispositions ci-dessus, telles mesures administratives qu'il appartiendra, sans préjudice des poursuites à exercer contre eux par-devant les tribunaux, conformément à la loi du 6 octobre 1791, et aux arrêts des 19 juillet 1746, 23 décembre 1778 et 16 juillet 1784.

Art. 12. La présente ordonnance sera imprimée; elle sera publiée et affichée dans Paris et dans les communes rurales du ressort de la préfecture de police.

Les sous-préfets de Saint-Denis et de Sceaux, les maires et adjoints dans les communes rurales du ressort de la préfecture de police, les commissaires à Paris, les officiers de paix, les commissaires des halles et marchés, et les autres préposés de la préfecture de police, sont chargés, chacun en ce qui le concerne, de tenir la main à son exécution.

Le général commandant la première division militaire, le général commandant d'armes de la place de Paris, le chef de légion de la gendarmerie nationale, sont requis de leur faire prêter main forte au besoin.

Le conseiller d'état préfet,

signé DUBOIS.

Par le conseiller d'état préfet,

Le secrétaire général,

signé PIIS.

INSTRUCTION.

Le charbon suit constamment les grandes chaleurs et les grandes sécheresses.

Il est le résultat d'une nourriture trop échauffante ou mal conditionnée, d'une mauvaise boisson, de travaux forcés et de la malpropreté des logemens des animaux.

Il les attaque tous indistinctement, mais plus particulièrement les moutons, les bœufs et les chevaux.

Quelques animaux en ont déjà été affectés

dans plusieurs communes du département de la Seine et dans les marchés.

Les animaux qui en sont atteints meurent quelquefois sur-le-champ, et avant qu'on ait pu s'apercevoir qu'ils étaient malades.

Il est dangereux de saigner, de fouiller on de dépouiller les animaux malades ou morts.

Plusieurs personnes sont mortes ou ont été grièvement malades pour s'être livrées à ces opérations.

Dans les circonstances actuelles, les ravages de cette maladie étant à craindre, il est important de les prévenir; les moyens en sont simples, peu dispendieux et à la portée de tous les habitans des campagnes.

1° Il sera urgent, de la part des propriétaires, de se conformer à l'article 1er de l'ordonnance ci-dessus, et de faire appeler sur-le-champ le vétérinaire pour constater la maladie et ordonner le traitement convenable, si l'animal en est susceptible.

2° S'il n'est pas possible de donner de la nourriture verte aux animaux, il faudra avoir soin d'asperger leurs fourrages avec de l'eau dans laquelle on aura fait fondre une poignée de sel de cuisine par seau, et où l'on ajoutera un verre de vinaigre.

3° L'eau étant généralement mauvaise, en ce moment, dans la plupart des campagnes, il faut la corriger avant de la faire boire, avec une bonne pincée de sel et un demi-verre de vinaigre par seau.

4° Les animaux qui vont aux champs, n'y seront conduits que le matin et le soir; on les rentrera dans le milieu du jour.

5° Il faudra éviter, le plus possible, les bords des grandes routes, où il y a constamment une poussière épaisse et étouffante.

6° Ceux qui travaillent seront ménagés ; souvent les travaux de la moisson ont été interrompus parce que les propriétaires avaient forcé leurs animaux, trop peu nombreux, pour se hâter de rentrer leur récolte.

7° Les habitations des animaux seront nettoyées, lavées, s'il en est besoin, bien aérées, et on y répandra du vinaigre, une ou deux fois par jour, surtout lorsqu'ils y rentreront pendant la chaleur.

Art. 8. Enfin celles ou il y aura eu des animaux malades ou morts, seront désinfectées de la manière suivante.

Désinfection des bergeries, bouveries, écuries, etc.

La propreté, la libre circulation de l'air, le lavage à grande eau, et les fumigations minérales, sont les bases de toute désinfection.

On balaiera l'aire, les murs et les planchers des bergeries, bouveries et écuries ; on n'y laissera ni fumier ni fourrages, ni toile d'araignée, ni aucune matière combustible.

On ouvrira les portes et les fenêtres pour faciliter la libre circulation de l'air ; on pratiquera même des ouvertures, si celles qui existent ne suffisent pas.

Les murs à la hauteur d'un mètre (trois pieds) seront lavés à grande eau avec des balais, jusqu'à ce qu'ils soient parfaitement nettoyés.

La terre de l'aire des bergeries, bouveries et écuries, sera enlevée de six centimètres (deux pouces) d'épaisseur, renouvelée et rebattue.

On y fera ensuite la fumigation suivante : on portera dans les bergeries, bouveries et écuries un réchaud rempli de charbons allumés, sur lequel on mettra une terrine à moitié pleine de cendre.

On posera sur cette cendre une autre terrine ou un vase large quelconque, dans lequel on mettra douze grammes (quatre onces environ) de sel commun un peu humide; on versera neuf grammes (trois onces environ) d'huile de vitriol; on fermera les portes et les fenêtres, et on se retirera aussitôt, pour ne pas respirer la vapeur très abondante qui se dégagera, et qui bientôt remplira tout le local; on n'ouvrira que lorsque la vapeur sera entièrement dissipée; on pourra alors y faire rentrer les animaux.

Cette fumigation peut être faite pendant que les animaux seront aux champs; il suffira d'ouvrir les portes et les fenêtres un moment avant que les animaux rentrent dans les bergeries, bouveries et écuries.

Toutes autres fumigations de plantes aromatiques sont inutiles; elles ne servent qu'à déplacer une odeur par une autre.

MONITEUR DU 13 AVRIL 1812. — N° 104.

Lausanne, 2 avril.

La maladie des bêtes à cornes qui règne dans ce canton tend actuellement à sa fin ; elle s'est étendue sur un grand nombre de communes ; mais dans presque toutes il n'y a eu depuis quelques mois qu'un très-petit nombre de vaches et de bœufs qui en ait été atteint. On a donné fort mal à propos à cette maladie le nom de *surlangue;* il est de fait qu'elle n'a aucun rapport avec la *surlangue* proprement dite. La véritable *surlangue* est une maladie excessivement contagieuse et très-meurtrière, qui appartient à la classe des maladies charbonneuses du bétail; c'est une espèce de peste. Notre épizootie n'a point eu ce caractère ; elle n'a été accompagnée d'aucun danger. Si sur quelques montagnes elle s'est montrée plus grave, il faut l'attribuer aux mauvaises pratiques adoptées par quelques fruitiers.

Cependant, il est impossible de nier absolument que cette maladie soit contagieuse ; elle l'est, mais à un degré faible, lorsque les animaux ne sont pas entassés les uns sur les autres. Aussi, le conseil de santé a-t-il cru devoir ordonner à cet égard des mesures de précaution qui s'observent avec la plus grande exactitude partout où elle se manifeste, et, comme il s'est assuré qu'il est très-généralement vrai que lorsqu'un animal a une fois eu la maladie, il ne la reprend pas, il a conseillé, pour abréger la durée des bans et interdictions, de l'inoculer à tous les animaux des communes où elle paraît; ce qui s'est pratiqué avec le plus grand succès dans plusieurs endroits.

Ordonnance du roi des 15 et 27 janvier 1816, contenant des mesures pour prévenir la contagion des maladies épizootiques. (Moniteur, 31 janvier, n° 31.)

Louis, etc.;

Sur le rapport qui nous a été fait par notre ministre secrétaire d'État de l'intérieur, de l'épizootie désastreuse qui enlève journellement un grand nombre de bœufs et de vaches, et qui paraît avoir été apportée dans plusieurs parties du royaume par les animaux amenés à la suite des armées étrangères;

Touché des pertes qui en résultent pour nos sujets, nous nous sommes fait rendre compte des efforts de l'administration dans cette circonstance, et nous avons eu la satisfaction de reconnaître que rien n'avait été négligé pour arrêter les progrès de ce fléau;

Voulant compléter les mesures prises précédemment, et donner à nos sujets propriétaires et cultivateurs des preuves de notre vive sollicitude, en prévenant autant qu'il est en nous les suites funestes de l'épizootie, et en procurant des indemnités à ceux qui auraient éprouvé des dommages pour l'exécution des dispositions rigoureuses que commande l'intérêt général de l'État;

Nous avons ordonné et ordonnons ce qui suit :

Art. 1ᵉʳ. Dans tous les lieux où a pénétré l'épizootie, et dans ceux où elle pénètrera par la suite, les préfets continueront de faire exécuter strictement les dispositions des arrêts des 10 avril 1714, 24 mars 1745, 19 juillet 1746, 18 décembre 1774, 30 janvier 1775 et 16 juillet 1784, et de l'arrêté du directoire exécutif du 27 messidor an 5, concernant les épizooties.

Art. 2. Sur la demande des autorités administratives, les gardes nationales, la gendarmerie, les gardes champêtres, et, au besoin, les troupes de ligne, seront employés pour assurer l'exécution des dispositions rappelées et indiquées dans le précédent article, notamment pour former des cordons et empêcher la communication des animaux suspects avec les animaux sains.

Art. 3. Dans les départemens où la maladie n'a pas encore pénétré, les préfets ordonneront la visite des étables aussi souvent qu'ils le jugeront utile ; ils exerceront une surveillance active, et feront les dispositions nécessaires pour que l'on puisse exécuter sur-le-champ, et partout où besoin sera, toutes les mesures propres à arrêter les progrès de l'épizootie, si elle venait à se manifester.

Art. 4. A la première apparition de symptômes de contagion dans une commune, il y sera envoyé des vétérinaires chargés de visiter les bestiaux, et de reconnaître ceux qui doivent être abattus, aux termes des réglemens cités en l'art. 1er; l'abattage aura lieu sans délai, sur l'ordre des maires ou des commissaires délégués par les préfets.

Art. 5. Il sera dressé des procès-verbaux à l'effet de constater le nombre, l'espèce et la valeur des animaux qui ont été ou qui seront abattus pour arrêter les progrès de la contagion : les extraits de ces procès-verbaux seront transmis par les préfets à notre directeur-général de l'agriculture et du commerce, qui fera établir l'état des indemnités auxquelles les propriétaires de ces animaux auront droit, d'après les bases déterminées par les arrêts du conseil des 18 décembre 1774 et 30 janvier 1775.

Art. 6. Nos ministres secrétaires d'État de l'intérieur et des finances se concerteront pour nous soumettre un projet de loi sur les moyens de pourvoir à ces indemnités : ce projet sera présenté aux chambres à leur prochaine session.

Art. 7. Ils nous proposeront ultérieurement les mesures propres à assurer en tout temps des ressources suffisantes pour indemniser les propriétaires de bestiaux des pertes qu'ils éprouveront, soit par l'effet direct des épizooties contagieuses, soit par l'exécution des dispositions prescrites pour en arrêter les progrès.

Art. 8. Nos ministres de l'intérieur, des finances et de la guerre sont chargés de l'exécution de la présente ordonnance.

CHAPITRE VIII.

Dispositions pénales relativement aux animaux domestiques, pour les contraventions mentionnées aux arrêts des 10 avril 1714, 24 mars 1745, 19 juillet 1746, 18 décembre 1774, 30 janvier 1775 et 16 juillet 1784, et l'arrêté du Directoire exécutif du 27 messidor an V. (Voir ces arrêts, qui prononcent des amendes.)

DÉCRET *du* **28** *septembre* 1791, *sanctionné le 6 octobre, tit.* 11, *de la police rurale.*

Art. 12.

Les dégâts que les bestiaux de toute espèce, laissés à l'abandon, feront sur les propriétés d'autrui, soit dans l'enceinte des habitations, soit dans un enclos rural, soit dans les champs ouverts, seront payés par les personnes qui ont la jouissance des bestiaux; si elles sont insolvables, ces dégâts seront payés par celles qui en ont la propriété. Le propriétaire qui éprouvera les dommages aura le droit de saisir les bestiaux, sous l'obligation de les faire conduire dans les vingt-quatre heures au lieu du dépôt qui sera désigné à cet effet par la municipalité.

Il sera satisfait aux dégâts par la vente des bestiaux, s'ils ne sont pas réclamés, ou si le dommage n'a point été payé dans la huitaine du jour du délit.

Art. 13.

Les bestiaux morts seront enfouis dans la journée à quatre pieds de profondeur, par le propriétaire et dans son terrain, ou voiturés à l'endroit désigné par la municipalité, pour y être également enfouis, sous peine par le délinquant de payer une amende de la valeur d'une journée de travail, et les frais de transport et d'enfouissement.

Art. 23.

Un troupeau atteint de maladie contagieuse, qui sera rencontré au pâturage sur les terres du parcours ou de vaine pâture, autres que celles qui auront été désignées pour lui seul, pourra être saisi par les gardes champêtres, et même par toute personne; il sera ensuite mené au lieu du dépôt qui sera indiqué à cet effet par la municipalité.

Le maître de ce troupeau sera condamné à une amende de la valeur d'une journée de travail par tête de bêtes à laine et à une amende triple par tête d'autre bétail.

Il pourra, en outre, suivant la gravité des circonstances, être responsable du dommage que son troupeau aurait occasioné, sans que cette responsabilité puisse s'étendre au-delà des limites de la municipalité.

A plus forte raison, cette amende et cette responsabilité auront lieu, si ce troupeau a été saisi sur les terres qui ne sont point sujettes au parcours ou à la vaine pâture.

Art. 1835, Code civil.

Le propriétaire d'un animal, ou celui qui s'en sert, pendant qu'il est à son usage, est responsable du dommage que l'animal a causé, soit que l'animal fût sous sa garde, soit qu'il fût égaré ou échappé.

Epizootie. Code pénal. Injonction aux détenteurs ou gardiens d'animaux ou de bestiaux soupçonnés d'être infectés de maladie contagieuse, d'en avertir le maire de la commune et de les renfermer provisoirement.

Art. 459.

Tout détenteur ou gardien d'animaux ou de bestiaux soupçonnés d'être infectés de maladie contagieuse, qui n'aura pas averti sur-le-champ le maire de la commuue où ils se trouvent, et qui même, avant que le maire ait repondu à l'avertissement, ne les aura pas tenus renfermés, sera puni d'un emprisonnement de six jours à deux mois et d'une amende de seize francs à deux cents francs.

Art. 460.

Seront également punis d'un emprisonnement de deux mois à six mois et d'une amende de cent francs à cinq cents francs, ceux qui, au mépris des défenses de l'administration, auront laissé leurs animaux ou bestiaux infectés communiquer avec d'autres.

11*

Art. 461.

Si, de la communication mentionnée au précédent article il est résulté une contagion parmi les autres animaux, ceux qui auront contrevenu aux défenses de l'autorité administrative, seront punis d'un emprisonnement de deux à cinq ans, et d'une amende de cent francs à mille francs; Le tout, sans préjudice de l'exécution des lois et règlemens relatifs aux maladies épizootiques et de l'application des peines y portées.

Art. 462.

Si les délits de police correctionnelle dont il est parlé au précédent chapitre ont été commis par des gardes champêtres ou forestiers, ou des officiers de police, à quelque titre que ce soit, la peine d'emprisonnement sera d'un mois au moins et d'un tiers an plus, en sus de la peine la plus forte qui serait appliquée à un autre coupble du même délit.

Art. 463.

Dans tous les cas où la peine d'emprisonnement et celle de l'amende sont prononcées par le Code pénal, si les circonstances paraissent atténuantes, les tribuuaux correctionnels sont autorisés, même en cas de récidive, à réduire l'emprisonnement, même au-dessous de six jours, et l'amende, même au dessous de seize francs; ils pourront aussi prononcer séparément l'une ou l'autre de ces peines, sans qu'en aucun cas elle

puisse être au-dessous des peines de simple police.

DISPOSITION GÉNÉRALE.

Art. 484.

Dans toutes les matières qui n'ont pas été ré-
glées par le présent Code et qui seront régies par
des lois et réglemens particuliers, les cours et
les tribunaux continueront de les observer.

***

Le Dictionnaire de police moderne, par Alletz,
2e édition, tome 1er, pages 413 et suivantes, au
mot *Chevaux*, divise l'article en trois parties ; il
traite de la vente et de l'essai des chevaux, des
chevaux attaqués de la morve et, de la fourrière
des chevaux, qu'il est utile de connaître, méritant
une attention particulière dans le commerce des
chevaux qui se fait à Paris.

§ 1er. Vente et essai des Chevaux.

Art. 1er. Le marché aux chevaux tient à Paris
le mercredi et le samedi, depuis deux heures
après midi jusqu'à cinq heures, du 1er octobre
au 31 mars, et jusqu'à sept heures du soir, du
1er avril au 30 septembre, sur l'emplacemet à ce
destiné, entre la rue du Marché aux Chevaux et
le boulevart de l'Hôpital. Si le jour du marché
se trouve un jour de fête, il tient la veille. *Or-*

donnance du Préfet de police du 3 décembre 1816, articles 1ᵉʳ et 2.

Art. 2. Défense de vendre des chevaux sur le marché avant son ouverture; il doit être évacué aussitôt après la fermeture. *Idem, art.* 3.

Art. 3. Défense de laisser des chevaux sur le marché sans être attachés ou tenus, et d'en attacher aux barrières et aux arbres. *Idem, art. 4.*

Art. 4. La vente des chevaux à l'encan ne peut être faite que sur le terrain à ce affecté. *Idem, art. 5.*

Art. 5. Les jours de marché, on ne peut attacher ni faire stationner aucun cheval dans les rues adjacentes au marché. *Idem, art. 6.*

Art. 6. Aucunes voitures n'entrent ni ne stationnent dans le marché; elles sont **rangées** sur le boulevart de l'Hôpital, dans la **rue de la Muette** et dans la rue de la Cendre; celles destinées à être vendues avec les chevaux sont placées sur le boulevart, dans la demi-lune qui est dans le marché. *Idem, art.* 6 *et* 7.

Art. 7. Les chevaux de trait ne peuvent être essayés que dans la rue dite de *l'Essai*, et les chevaux de selle sur la chaussé du marché. *Idem, art.* 8.

Art. 8. On ne fait courir aucuns chevaux dans les contre-allées du marché, ni dans les rues adjacentes. L'essai des chevaux n'est confié qu'à des personnes capables de les conduire; l'essayeur ne peut conduire que deux chevaux à la l'ois, y compris celui qu'il monte. *Idem, art.* 9.

Art. 9. Défense d'essayer ou exercer des chevaux dans les rues de Paris, et autres lieux à ce non affectés, sous les peines de simple police, sans préjudice des indemnités, dommages et intérêts en cas d'accidens. *Ordonnance de police du 21 décembre 1787, art. 8; idem du Préfet de police du 1er juin 1816; Code pénal, art. 475, § 4 et art. 476.*

Art. 10. Défense de faire sauter les chevaux par-dessus les barrières du marché; les chevaux vendus comme sauteurs sont essayés dans un endroit indiqué par la police. *Ordonnance précitée du Préfet, du 3 décembre 1816, art. 10.*

Art. 11. Défense d'aller au-devant des chevaux destinés au marché, de les acheter avant qu'ils y soient arrivés. Les conducteurs doivent amener les chevaux directement au marché, à peine de fourrière. *Ordonnance du roi du 3 juillet 1763, art. 10.*

Art. 12. Les vendeurs doivent prévenir les acheteurs des défauts ou maladies des chevaux, et en faire déclaration au bureau du commissaire de police du marché, à peine de restitution du prix du cheval, avec tous les frais, sur la réclamation de l'acheteur dans la huitaine de la garantie, et sur le rapport des experts qui ont visité les chevaux. *Idem, art.* 5.

Les cas rédhibitoires pour les chevaux sont la morve, la pousse, la courbature, le cornage et le sifflage.

Art. 13. Si le vendeur et l'acheteur conviennent de déposer le prix d'un cheval vendu, le dépôt en est fait au bureau du commissaire de police du marché, et signé d'eux ; s'ils ne savent écrire, il en est fait mention. Le registre énonce dans quelles espèces est fait le dépôt, les noms, professions et demeures du vendeur et de l'acheteur ; le signalement du cheval et les conditions de la vente. Après le délai de la garantie d'usage, ou convenu, le dépôt est remis en mêmes espèces, et sans frais, au vendeur, ou ayant droit', s'il n'y a pas d'opposition. *Ordonnance précitée du préfet, art.* 11, 12 *et* 13.

Art. 14. Il y a au marché un artiste vétérinaire, nommé par le préfet de police, pour faire toute visite de chevaux.

Art. 15. Défenses aux écarrisseurs de faire le commerce de chevaux ; ils peuvent acheter ceux hors de service par maladies, vieillesse ou accident ; lesdits chevaux n'entre point dans l'intérieur du marché ; ils sont exposés en vente dans un endroit particulier indiqué à cét éffet. *Ordonnance précitée du roi, art.* 7.

Art. 16. Les voitures et chevaux des contrevenans aux dispositions des quinze articles ci-dessus, peuvent être mis et gardés en fourrière, jusqu'à ce que les propriétaires se fassent connaître légalement ; remise leur en est faite en payant les frais de fourrière, sans préjudice des poursuites judiciaires, suivant la nature du délit.

Art. 17. Défense à toutes personnes de placer

des tables pour donner à boire et à manger aux chevaux, sous les peines de simples police, comme embarrassant la voie publique, et enlèvement des tables à leurs frais, en cas de refus de leur part. *Arrêté de police du 7 fructitor an IV (24 août 1796). Code pénal, art. 471, § IV.*

§ II. *Chevaux attaqués de la morve.*

Art. 18. Défense d'amener au marché et d'exposer en vente des chevaux attaqués de la morve et autres maladies contagieuses, à peine de 500 fr. d'amende. *Arrêt du Conseil du 16 juillet 1784, art. 7; Ordonnance précitée du préfet, art. 14.*

Art. 19. L'inspecteur du marché fait conduire les chevaux soupçonnés desdites maladies devant l'expert vétérinaire, qui les examine sur-le-champ. Sur son rapport, le commissaire de police ordonne les mesures d'urgence, et en rend compte au préfet.

Les chevaux susceptibles de guérison peuvent être remis aux propriétaires, à la charge par eux de les représenter à toute réquisition. Ceux reconnus incurables sont, d'après une ordonnance du préfet de police, remis à l'écarrisseur pour être abattus; les propriétaires peuvent néanmoins en requérir la visite contradictoire. Dans ce cas, le chevaux sont placés dans des endroits particuliers à ce destinés, et les frais de fourrière sont à la charge des propriétaires; en cas de partage d'avis, le préfet de police nomme un tiers expert. *Ordonnance précitée du préfet de police, art.* 15 à18.

Art. 20. Il est fait ouverture des chevaux abattus, et dressé procès-verbal du genre et du degré de la maladie.

Les harnais sont brûlés ou échaudés ; les garnitures en métal et les fers du cheval sont remis au propriétaire. *Idem, art.* 19 ; *arrêt précité du* 16 *juillet* 1784, *art.* 5 *et* 6.

Art. 21. Toute personne qui a dans ses écuries des chevaux morveux, doit en faire sa déclaration à l'officier de police, pour lesdits chevaux être visités par des experts vétérinaires, à peine de 500 fr. d'amende. *Arrêt précité, art.* 1er.

Art. 22. Les experts nommés par les officiers de police font des visites dans les écuries des aubergistes, maîtres de poste, entrepreneurs de messageries et de roulages, même chez les particuliers, d'après des dénonciations, en se faisant autoriser par le magistrat de police, et assister d'un officier de police, sans qu'on puisse refuser lesdites visites. *Idem, art.* 3.

Art. 23. Défense à toutes personnes de traiter aucun cheval attaqué de la morve, sans en avoir fait leur déclaration, pour ledit cheval être marqué sur le front d'un cachet de cire verte, portant *animal suspect*, et être conduit et renfermé dans un lieu isolé, sans qu'il puisse communiquer avec d'autres animaux, ni paître en commun. Le tout sous les peines portées en l'article 21 ci-dessus. *Idem, art.* 4.

Art. 24. Les chevaux reconnus morveux sont de suite abattus et enterrés dans des fosses de trois mètres de profondeur, loin de toute habitation, et les peaux sont tailladées; les écuries ou ils ont séjourné seront désinfectées, le tout sous la même peine de 500 fr. d'amende. *Idem, art.* 5 *et* 6.

Art. 25. Défense sous les mêmes peines, aux aubergistes et autres, de recevoir dans leurs écuries aucuns chevaux morveux, sans en faire leur déclaration. *Arrêt précité, art.* 7.

26. Les écarrisseurs, pour l'enlèvement et écarrissage des chevaux morveux, sont commissionnés *ad hoc*, sans qu'aucun autre écarrisseur puisse s'y immiscer, à peine de 100 fr. d'amende. *Idem, art.* 8.

Art. 27. Défense aux écarrisseurs de vendre de la viande de cheval abattu pour cause de morve ou d'autres maladies contagieuses, à peine d'amende et de telle autre peine qu'il appartiendrait. *Idem, art.* 9.

Art. 28. Les maires sont tenus d'informer de suite le préfet du département des maladies épizootiques qui se manifestent dans leur arrondissement, à peine d'être responsables de tous dommages résultant de leur négligence. *Idem, art.* 11.

§ III. *Fourrière des chevaux.*

Art. 29. Les chevaux, jumens, mules, ânes et bourriques, saisis ou abandonnés, sont envoyés à la fourrière de la préfecture de police par l'officier de police qui a connaissance des faits et en a dressé procès-verbal. L'ordre d'envoi contient le signalement de l'animal, des harnais, de la voiture. *Arrêté du préfet de police du 17 mars 1813.*

Art. 30. Les animaux déposés en fourrière sont visités, dans les vingt-quatre heures, par le commissaire de police du quartier de la fourrière, assisté au besoin de l'expert vétérinaire de la préfecture de police. *Idem, art. 5.* Il s'assure si les animaux sont nourris et soignés convenablement, et veille à ce que les harnais et autres objets déposés ne puissent se détériorer. *Idem, art. 7.*

Art. 31. Les animaux et autres objets déposés ne sont rendus au propriétaire que sur l'autorisation du commissaire de police qui les a consignés, ou du préfet de police. Les frais de garde et nourriture sont préalablement acquittés par le propriétaire. *Idem, art. 9.*

Art. 32. En cas de non réclamation, ils sont vendus à l'enchère sur un marché, de l'ordre du préfet de police ; le produit de la vente, tous frais déduits, est versé à la caisse de la préfecture de police, à la conservation des droits de qui il appartiendra. La vente est provoquée par le commissaire de police du quartier de la fourrière, pour prévenir le dépérissement et éviter que les frais de garde et de nourriture excèdent la valeur des objets déposés. *Idem, art. 10.*

Art. 33. La ration des animaux, pour vingt-quatre heures de séjour, est :

Pour un cheval, douze litres d'avoine, une botte de foin, deux bottes de paille.

Pour un mulet, dix litres d'avoine, une botte de foin, une botte de paille.

Pour un âne, une demi-botte de luzerne, une botte de paille, dix litres de son.

Pour un bœuf ou une vache, douze litres de son, une botte de luzerne.

Pour une chèvre ou mouton, six litres de son, une demi-botte de luzerne.

Pour un porc, cinq décalitres de son. *Idem*, *art.* 3.

Art. 34. Il est payé pour frais de fourrière, par jour, pour les fournitures ci-dessus, savoir :

	fr.	c.
Pour un cheval........................	2	50
Pour un mulet......................	2	»
Pour un âne.......................	1	50
Pour un bœuf ou une vache..........	1	25
Pour une chèvre ou un mouton......	»	60
Pour un porc.....................	2	»
Pour la garde d'une voiture..........	»	25

Idem, art. 12.

Art. 35. Les gardiens de fourrière sont responsables par corps, comme dépositaires de justice des animaux et autres objets à eux déposés. *Code civ., art.* 206.

Du même ouvrage, qui concerne les autres

animaux domestiques, au mot *Boucherie*, il a été extrait ce qui suit :

Art. 102. Les bestiaux pour l'approvisionnement de Paris sont insaisissables; les oppositions n'en arrêtent point la vente; elles tiennent sur le produit de ladite vente, lequel est déposé dans la caisse de Poissy. *Édit de décembre 1743 , arrêté du ministre de l'intérieur du 19 ventôse an 11 (10 mars 1803), art. 4.*

Art. 111. Défense d'exposer en vente des bestiaux étant dans les cas rédhibitoires. *Ordonnance du préfet de police du 30 ventôse an 11 (21 mars 1803), art. 14.*

Art. 112. Si un bœuf meurt dans les neuf jours de la vente, les causes en sont constatées par procès-verbal, pour assurer l'action en garantie contre le vendeur, conformément aux lettres-patentes du 1ᵉʳ juin 1782, art. 27. *Idem, art. 15.*

Le boucher requiert le commissaire de police du lieu où le bœuf est mort de se transporter sur les lieux. La mort est constatée par le procès-verbal, qui contient le signalement exact du bœuf, les traits et marques du vendeur et de l'acheteur, le poids, par aperçu, de l'animal, le jour et le lieu où il a été acheté, les nom et domicile du vendeur. Le commissaire de police le fait ouvrir, et, d'après l'examen et rapport de gens de l'art, il constate les causes de la mort; il fait ensuite enfouir les chairs, sans le suif et le cuir, qui sont pesés et remis au boucher.

A Paris, l'animal est envoyé au Jardin-du-

Roi, pour la nourriture des animaux ; il est ouvert, et les causes de la mort sont constatées. Le commissaire de police est assisté, dans toute son opération, d'un agent du commerce de la boucherie, qui évalue le poids de l'animal, et le prix, au kilogramme, du suif et du cuir.

Art. 113. Les bouchers qui achètent des bestiaux sur les marchés de personnes inconnues, peuvent en déposer le prix dans la caisse de Poissy, à moins que le vendeur ne fournisse caution suffisante. Neuf jours après la vente, les fonds sont remis au vendeur, s'il n'y a point eu d'action en garantie; le tout aux termes de l'article 28 des lettres-patentes précitées. *Idem, art.* 16.

Ordonnance du préfet de police, du **12** *thermidor an X* (31 juillet 1802), *art.* **8.**

Défense d'exposer dans les marchés des vaches qui seraient dans des cas rédhibitoires ou atteintes de maladies.

Il y a sur chaque marché un préposé pour le maintien du bon ordre et la visite des vaches.

Nota. Plusieurs des dispositions rapportées ci-dessus se rencontrent fréquemment dans les ventes de chevaux et de bestiaux; elles tracent la marche à suivre dans les départemens de la France dans de semblables circonstances.

CHAPITRE IX.

Instructions pour apprendre à connaître l'âge et les poils des chevaux. — Nous pensons qu'elles pourront être utiles aux marchands et individus qui voudront faire des acquisitions, saisies, ou des mises en fourrière, à l'effet de constater des vices rédhibitoires.

§ Ier. *De la connaissance de l'âge du cheval par l'inspection des dents, depuis sa naissance jusqu'à vingt-sept ans.*

Le poulain, en naissant, a six dents de sorties à chaque mâchoire, et même usées, ce qui semblerait annoncer que l'animal a mâché dans la matrice, ou qu'au moins ses mâchoires ne sont pas restées dans l'inaction; mais le frottement modéré d'un seul mois, serait-il bien capable de les user d'une manière sensible?

Vers le dixième ou douzième jour de sa naissance, les pinces, qui étaient formées, sortent aux deux mâchoires. Les mitoyennes paraissent une quinzaine de jours après, et ne se trouvent sorties qu'un mois après les premières. Les coins paraissent vers le quatrième mois; de manière que le poulain se trouve avoir les six dents de lait incisives à chaque mâchoire, lesquelles subsistent jusqu'à deux ans et demi où trois ans, temps où elles commencent à tomber et d'où l'on part pour la connaissance du poulain; néanmoins il est très-aisé de tirer une induction de l'âge de cet animal depuis sa naissance jusqu'à la chute des pinces, qui est, comme nous l'avons dit, à deux ans et demi ou à trois ans; on la peut tirer non-seulement des incisives, mais même des dents molaires avec facilité.

Les premières six semaines après sa naissance, le poulain a quatre dents incisives à chaque mâchoire, et six molaires; ces incisives sont les pinces et les moyennes. Ces dents sont creuses au dehors et à leurs racines, et ressemblent aux dents des chevaux, lorsque ces dernières sont nouvellement poussées; c'est-à-dire qu'elles sont pyramidales et sillonnées en dehors; leur creux extérieur est blanc; leur bord, soit interne, soit externe (ce que j'appelle muraille de la dent), est tranchant, et reste en cet état jusqu'au troisième mois qu'il commence à s'user, et par conséquent le creux à disparaître.

Le quatrième mois, les coins paraissent.

A six mois, elles sont de niveau avec les mitoyennes. Si l'on examine à cet âge les dents du poulain, on trouvera que les pinces sont d'un quart moins creuses que les mitoyennes; celles-ci de moitié moins que les coins.

Les quatre premières dents s'usent peu à peu, le trou disparaît de plus en plus, de façon qu'à un an l'on commence à apercevoir un col au-dessous de la dent; elle a moins de largeur, et est à moitié remplie.

A dix-huit mois les pinces sont pleines, ou peu s'en faut, et moins larges; le col est plus sensible.

A deux ans, elles sont toutes rases et d'un blanc clair de lait ; les mitoyennes sont dans l'état où les pinces étaient à dix-huit mois. Ces dents se maintiennent dans cet état jusqu'à deux ans et demi, quelquefois jusqu'à trois ans, bien qu'elles montent et s'usent toujours, et deviennent moins larges, c'est-à-dire qu'elles ne servent plus d'indice certain ; mais en examinant les molaires, on trouvera qu'à un an le poulain en a quatre de lait et une de cheval ; qu'à dix-huit mois, il en a cinq, trois de lait et deux de cheval ; qu'à deux ans, les premières dents molaires de lait de chaque mâchoire tombent et font place à la dent du cheval ; car les chevaux ont six dents de lait molaires (1) à chaque mâchoire, qui sont les premières avec lesquelles les poulains naissent ; quant aux autres, elles ne tombent pas.

A deux ans et demi ou trois ans, les pinces tombent ; à celles-ci succèdent les pinces de cheval.

A trois ans et demi, les secondes molaires tombent ; la chute des moyennes arrive aussi dans ce même temps, et la sixième dent molaire est prête à percer.

A quatre ans, le poulain a six dents molaires, cinq de chevaux et une de lait qui est la troisième et dernière.

(1) Il est étonnant que la réalité de l'existence des dents de lait molaires ait échappé aux recherches d'un ancien écuyer et commissaire des haras.

A quatre ans ou quatre ans et demi, les coins tombent, et en même temps la troisième dent molaire de lait : pour lors le poulain a douze dents molaires à chaque mâchoire, et six incisives.

A cinq ans, pour l'ordinaire, les crochets percent, et le cheval a en tout quarante dents. Les molaires ne servent plus à la connaissance de l'âge que vers les derniers temps de la vieillesse. Il n'y a donc que les incisives et le crochet qui l'indiquent.

Telles sont les parties d'où dépend la connaissence de l'âge du cheval : on voit que c'est principalement par l'inspection de la mâchoire inférieure.

A cinq ans, les pinces sont un peu usées, et leur corps sillonné en devant; les mitoyennes sont moins remplies : la muraille au dedans est tranchante, celle du dehors est un peu usée : les coins sont à peu près de la même hauteur que les mitoyennes, mais ce n'est que la muraille externe des coins, car l'interne ne fait que paraître; les crochets ne sont qu'à moitié sortis, et n'ont que trois lignes dehors; ils sont très - pointus; leur sillon en dedans paraît, mais sans être entier.

A cinq ans et demi, les pinces sont plus remplies : les murailles des mitoyennes commencent à s'user; la muraille interne des coins est presqu'égale à l'externe, mais elle laisse une petite échancrure en dedans; le crochet est presque dehors ou bien avancé; ce qui dénote qu'il n'est pas encore sorti, ce sont des crénelures internes que l'on voit être comprises dans la gencive.

A six ans, les pinces sont rasées ou peu s'en faut; les mitoyennes sont dans l'état où étaient les pinces à cinq ans : les coins sont égaux partout, et creux : la muraille externe est un peu usée; les crochets sont entièrement poussés; ils sont pointus, pyramidaux, arrondis au dehors et sillonnés au dedans; vers les gencives on aperçoit en dedans que les sillons sont sortis, parce qu'ils ne règnent pas jusqu'au bas.

A six ans et demi, les pinces sont entièrement rasées; les mitoyennes le sont plus qu'elles ne l'étaient; la muraille interne des coins est un peu usée et ne laisse qu'une cavité : le crochet est un peu émoussé d'une ligne ou environ.

A sept ans, les mitoyennes sont rasées; les coins sont plus remplis, et le crochet usé de deux lignes.

A sept ans et demi, les coins sont remplis, à peu de chose près, et le crochet est usé d'un tiers de l'étendue de ses sillons, c'est-à-dire du tiers de la longueur du crochet.

A huit ans, le cheval a rasé entièrement, et le crochet est arrondi.

Il est à propos de remarquer que les dents ne se remplissent pas; qu'elles ont la même longueur qu'elles avaient dans leur état de formation, tant molaires qu'incisives, mais qu'elles sont poussées au-dehors dans les poulains et dans les jeunes chevaux par le mucilage qui se trouve aux racines ou par le diploé, et par le sutre osseux qui se trouve entre les deux tables de chaque côté de la mâchoire, et par le rapprochement de ces deux tables; car à considérer les mâchoires inférieures des poulains, elles sont très-arrondies dans leur bord inférieur, au lieu que celles des vieux chevaux sont tranchantes; ce qui prouve que l'une et l'autre de ces parties contribue à la sortie des dents.

Il y a des chevaux ou jumens que l'on appelle bégus, c'est-à-dire qui marquent toujours : cela est faux; ils marquent à la vérité plus longtemps, ce qui ne fait pas une grande différence. D'ailleurs, que ce soit chevaux ou jumens, il y a toujours des indices certains de l'âge, soit par la largeur des dents, par leurs sillons, par leur figure ou par leur implantation. Il est même rare qu'un homme qui a bien vu et bien examiné les dents, qui les a maniées plusieurs fois, n'aperçoive pas l'âge des chevaux; ainsi tous les amateurs sont invités de faire une collection de dents de différens âges, et d'en considérer attentivement et souvent la figure, la courburo et leurs différentes parties.

Passé huit ans, les mêmes dents incisives servent d'indices ainsi que les crochets, mais principalement les premières. Pour cet effet, il faut se rappeler ce que nous avons dit, que les incisives ont une figure pyramidale : sa face du dehors est plate et marquée d'un sillon; celle du dedans est arrondie, et devient d'autant plus tranchante qu'elle approche davantage de sa racine; ses côtés, arrondis à leur sortie, sont sillonnés à leurs racines; il faut rappeler encore l'état des crochets, qui sont sillonnés en dedans, gros et arrondis dans leurs corps; également arrondis, mais plus ou moins en pointe, à leurs racines.

Ainsi, à neuf ans, les pinces deviennent plus rondes; les crochets n'ont presque point de sillons.

A dix, les crochets n'ont plus de sillons.

De dix à douze, il y a peu de différence.

A douze, les pinces sont moins larges, mais plus épaisses; les crochets sont totalement arrondis.

De douze à quatorze, il y a peu de différence; elle n'est sensible que pour ceux qui se sont particulièrement attachés à bien distinguer les changemens qui arrivent aux dents.

A quinze, les pinces sont triangulaires et plongent en avant; pour lors les crochets ne sont d'aucun secours.

Dans l'espace de quinze à vingt, les différences sont sensibles qu'en ce que les dents plongent davantage et sont plus petites; mais à vingt ans, l'on aperçoit les deux crénelures qui sont aux côtés des dents, de façon que les dents sont plates et moins serrées.

A vingt-et-un ans, quelquefois à vingt-deux, les premières dents molaires tombent ou sont tellement usées, que l'on y distingue trois racines.

A vingt-trois, les secondes tombent.

A vingt-quatre, c'est la quatrième.

A vingt-cinq, ce sont les troisièmes.

A vingt-six, les cinquièmes molaires; mais les sixièmes restent quelquefois jusqu'à trente ans. J'ai cependant vu des chevaux avoir, à cet âge, quatre dents molaires de chaque côté : j'en ai vu d'autres avoir perdu toutes leurs dents molaires à dix-sept ans ; quant aux incisives, elles tombent les dernières, vers l'âge de trente à trente-un an; pour lors les gencives et les alvéoles se rapprochent, deviennent tranchantes et font fonctions des dents.

§ II. *Récapitulation de l'âge du cheval, depuis sa naissance jusqu'à la chute de ses dents, laquelle arrive vers la vingt-sixième ou trentième année.*

Le cheval naît avec six dents molaires à chaque mâchoires.

Le dixième ou douzième jour après sa naissance, il lui pousse deux pinces à chaque mâchoire.

Quinze jours après, les mitoyennes paraissent.

Trois mois après celles-ci sortent les coins.

A dix mois, les incisives sont de niveau et creuses, à la vérité les pinces moins que les mitoyennes, celles-ci moins que les coins.

A un an, on distingue un col à la dent; son corps a moins de largeur et est plus rempli; quatre dents molaires, trois de poulain et une de cheval.

A dix-huit mois, les pinces sont pleines, et le poulain a cinq dents molaires, deux de cheval et trois de lait.

A deux ans, les dents de lait sont rasées, les premières dents molaires tombent.

A deux ans et demi ou trois ans, les pinces tombent.

A trois ans et demi, les secondes molaires tombent ainsi que les mitoyennes.

A quatre ans, le cheval a six dents molaires, cinq de chevaux et une de lait.

A quatre ans et demi, les coins tombent.

A cinq ans, les crochets percent.

A cinq ans et demi, la muraille interne de la dent est presque égale à l'externe, et le crochet est presque dehors.

A six ans, les pinces sont rasées ou peu s'en faut; les coins formés, et la muraille externe un peu usée.

A six ans et demi, les pinces sont rasées entièrement; la muraille interne des coins l'est un peu aussi, et le crochet émoussé.

A sept ans, les mitoyennes sont rasées, ou peu s'en faut, et le crochet usé de deux lignes.

A sept ans et demi, les coins sont presque rasés et le crochet usé d'un tiers.

A huit ans, le cheval a rasé entièrement, et le crochet est arrondi.

A neuf ans, les chevaux n'ont presque pas de crochets, et les pinces sont plus rondes.

A dix ans, les crochets n'ont plus de crénelure et sont plus arrondis.

A douze ans, les crochets sont totalement arrondis; les pinces sont moins larges et augmentent en épaisseur.

A quinze ans, les pinces sont triangulaires et plongent en avant.

A vingt ans, les deux incisives sont plates et écartées.

A vingt-et-un ans ou à vingt-deux, les deux premières dents molaires tombent.

A vingt-trois, les secondes.

A vingt-quatre, les quatrièmes.

A vingt-cinq, les troisièmes.

A vingt-six, les cinquièmes,

Et la sixième quelquefois à vingt-sept; mais ce temps n'est pas fixe, il se recule quelquefois jusqu'à trente.

A l'égard des autres signes auxquels plusieurs auteurs ont attribué la connaissance de l'âge du cheval, ils sont absurdes; on ne peut absolument l'avoir que par l'inspection de la bouche.

Les dents, dont la fonction et l'usage sont connus de tout le monde, sont exposées à des maladies ou à des vices de conformation, telles que la carie, la multiplication, etc. En effet, il y a des chevaux qui ont un double rang de dents incisives, ce qui n'arrive point sans gêner les autres, sans leur ôter leur soutien et sans altérer le germe de la dent. D'autres chevaux ont des dents molaires doubles, lesquelles gênent les parois de la bouche et les ulcèrent. Dans d'autres, l'émail de la dent est très-mou, de sorte que l'on voit des mâchoires où il y a des dents usées, tandis que les autres ne le sont pas. Il se trouve aussi des dents dont l'émail est tendre; pour lors les alimens et l'air les carient : cet accident occasionc souvent aux chevaux de grandes douleurs, que l'on prend pour des tranchées.

§ III. *Des poils.*

Les poils varient en couleurs : on voit des chevaux qui les ont d'une seule couleur, d'autres, de deux, de trois, de quatre et quelquefois de cinq ; quelle qu'elle soit, on dit communément : ce cheval est de tel poil ou de telle robe. On a distingué les poils en simples et composés ; mais cette distinction n'est pas claire : en effet, on a appelé simples les poils uniformes ; et sous cette classe l'on a rangé les poils gris, bais, qui sont composés, etc., ou pour mieux dire, l'on n'en a pas marqué une véritable différence. C'est pourquoi je diviserai les poils en poils réguliers et non réguliers ; il n'y a que le noir qui soit régulier ; tous les autres sont irréguliers, vu qu'il y a toujours dans ces derniers une ou plusieurs couleurs. Le poil noir est le plus commun. Dans le noir on distingue le noir de geai et le mal teint : l'un et l'autre sont réguliers ou peuvent l'être ; je dis peuvent l'être, parce qu'il y a des chevaux qui ont des pelotes en tête, qui sont des marques blanches, ou qui ont des pieds blancs, mais ils sont réguliers pour la plupart. On appelle mal teint le noir qui n'est pas foncé. Parmi les chevaux noirs, il y en a qu'on appelle miroités ou pommelés, chez lesquels on aperçoit des nuances lisses et polies, plus claires en certains endroits que dans d'autres ; elles forment un bel effet, et sont plus agréables à la vue sur les chevaux noirs que sur les bais.

Parmi les poils irréguliers, je distinguerai les poils en communs et en non communs. Les communs sont : 1° le bai, dont la couleur est rougeâtre. La marque à laquelle on reconnaît un cheval bai, c'est lorsqu'il a les crins et le bas des jambes noires : de là ont été distingués le bai-clair, le bai-châtain, le bai-brun ou le bai-foncé, le bai à miroir ou miroité, ainsi nommé à cause des nuances en rond qui forment comme autant de taches où le poil semble être plus lisse.

2° L'alzan est un poil qui ne diffère guère du bai; il a, comme lui, différentes nuances; on en trouve qui ont la queue et les crins blancs, et d'autres chez lesquels ils sont noirs. Il y a alzan-clair, alzan-foncé ou brûlé, et alzan poil de vache, mais celui-ci est peu différent de l'alzan-clair.

3° Le poil gris est mélangé de noir, de noir mal teint et de blanc; la couleur dominante est le mal teint. On ne rencontre point, ou fort rarement, de chevaux totalement blancs; mais bien que M. Garsault assure qu'en Espagne quelquefois les chevaux naissent plus ou moins gris et deviennent blancs avec l'âge, les parties qui deviennent les premières blanches sont celles qui sont exposées à une forte transpiration ou sueur, telles que le col, les épaules, le corps, les fesses, ensuite la tête, et enfin les extrémités de haut en bas; en sorte que toutes les fois qu'on verra un cheval dont le bas des quatre jambes sera blanc et le reste du corps très-blanc, on peut en augurer qu'il est fort vieux. Il faut cependant remarquer qu'un cheval gris peut naître avec le bas des quatre jambes blanc, mais ce cas est rare.

On distingue les gris en gris sale et en gris foncé, où se trouvent beaucoup de poils noirs, et par conséquent peu de poils blancs.

Dans le gris-pommelé se voient des taches plus ou moins larges de blanc et de noir.

Le gris-souris est un gris mêlé.

Les poils non communs forment une classe assez nombreuse; ce ne sont que différens mélanges des précédens. Tels sont le rouhan mêlé de blanc et de bai, le rouhan cap de mort, gris sale avec la tête et les extrémités noires; le tigre, le pie, le porcelaine, etc. Tout cheval qui n'est que d'un seul poil, quel qu'il soit, sans aucun mélange de poil blanc, est nommé zain. Le poil blanc sur le front est appelé pelotte ou étoile; s'il se continue entre les yeux jusqu'aux nazeaux, en manière de bande, c'est le chanfrein blanc; s'il rend les pieds blancs, on dit que ce sont des balzanes. Si le bord de la balzane est dentelé comme une scie, c'est une balzane dentelée; si on y voit des taches noires, elle est herminée ou tachetée. Le cheval travat a les deux pieds du même côté de devant et de derrière blancs. Le transtravat a de même les deux pieds blancs, mais opposés et en diagonale, celui du montoir de devant, par exemple, et celui du hors montoir de derrière. (*Cours d'hippiatrique*, ou *Traité complet des chevaux*, par Lafosse.)

CHAPITRE X.

Formalités à observer, ou modèles d'actes pour les actions rédhibitoires dans les délais d'usage fixés par les coutumes et arrêts des anciens parlemens.

Demande pour un cas rédhibitoire. (Citer le motif.)

Requête tendant à faire nommer un artiste vétérinaire ou maréchal expert à son défaut, pour la constatation, s'il y a lieu, du vice énoncé.

§ Ier.

A monsieur le président du tribunal de commerce du département,... séant à   (ou de première instance.)   Ou à M. le juge de paix du canton d

(Cela dépend des lieux où résident les parties.)

Le sieur H.   marchand de demeurant à   à l'honneur d'exposer que le   à   il a acheté du sieur   demeurant à   , un cheval à courte queue, poil bai, âgé de   , taille de   , moyennant la somme de   payée comptant.

Que ce cheval paraît attaqué d'un vice rédhibitoire, appelé pousse, etc.

Pourquoi l'exposant requiert qu'il vous plaise

monsieur le président, nommer un expert vétérinaire, à l'effet de procéder à la visite, et constater l'état dans lequel se trouve le cheval dont s'agit, dresser procès-verbal en présence du vendeur ou lui dûment appelé pour être ultérieurement statué ce qu'il appartiendra ; l'exposant attend l'effet de sa demande.

Présenté à　　　　　　　le

(Signature de l'exposant ou du fondé de pouvoir.)

Ordonnance.

Vu la présente requête, et sans préjudicier aux droits des parties, nous nommons le sieur artiste vétérinaire, à l'effet de procéder à la visite du cheval dont s'agit, et de constater les vices et maladies dont il pourrait être atteint, en présense du vendeur ou lui dûment appelé ; lequel expert dressera procès-verbal, pour valoir ce que de droit.

Donné à　　　　　　le.

(Signature du juge.)

(Faire enregistrer l'ordonnance.)

Signification des requête et ordonnance au vendeur.
(Art. 29 du tarif par anal.)

L'an　　　　　le　　　　　à la requête du sieur H.　　marchand de chevaux, demeurant à　　　　patenté le　　　　n°　　lequel fait élection de domicile, etc.;

J'ai　　　　(immatricule de l'huissier), sous-

signé, signifié, et, avec ces présentes donné
copie au sieur V.   marchand de chevaux,
demeurant à   en son domicile, en parlant à

De la requête présentée par le requérant à
monsieur le président du tribunal de
et de l'ordonnance par lui rendue le
dûment enregistrée; laquelle ordonnance nomme
le sieur   artiste vétérinaire, à l'effet de
procéder à la visite d'un cheval vendu par ledit
sieur V.   au requérant, de constater les
vices et maladies dont il est atteint, et du tout
dresser procès-verbal, à ce que du contenu auxdites requête et ordonnance le susnommé n'igore;
et en vertu de ladite ordonnance, à pareilles requête, demeure et élection de domicile que dessus, j'ai, huissier susdit et soussigné, fait sommation audit sieur V.   , en son domicile,
parlant comme dit est, de comparaître et se
trouver le   de ce mois   heure d   ,
en la demeure du sieur   artiste vétérinaire,
sise à   rue   n°   , nommé par
l'ordonnance susdatée (ou au lieu désigné), à
l'effet d'être présent, si bon lui semble, tant à
la visite du cheval dont il s'agit qu'au procès-
verbal qui sera dressé par ledit sieur   déclarant audit sieur V.   que, faute de comparaître, il sera contre lui donné défaut, et procédé auxdites opérations par ledit expert, tant
en absence que présence ; et, en outre, déclare
ledit sieur H.   qu'il se pourvoira contre le
susnommé de la manière et ainsi qu'il appartien-

dra , faisant à cet égard toutes réserves et protestations de droit, et même de répéter toutes
pertes, dépens, dommages et intérêts, à ce que
du tout ledit sieur V.   pareillement n'ignore,
et je lui ai, etc.

Procès-verbal de l'expert vétérinaire.

Je soussigné   vétérinaire à   y
demeurant, rue   , expert nommé d'office
par ordonnance de M. le président du tribunal
de commerce de   en date du   , étant
au bas d'une requête ci-jointe à lui présentée
par le sieur   , marchand de chevaux, demeurant à   , à l'effet de visiter le cheval
qui y est désignée ; constater les vices ou maladies dont il pourrait être atteint, et en dresser
procès-verbal au désir de ladite ordonnance, il
nous a été présenté ce jour, à   heures du
        par le sieur H.   un cheval poil
bai, courte queue, âgé de   , taille de
mesuré sous potence ; lequel sieur H.   m'a
déclaré être celui faisant l'objet de sa requête
susdatée, et l'avoir acheté le   du sieur
V.   aussi marchand de chevaux, demeurant à   , et auquel il a payé comptant la
somme de   ; lequel sieur V.   sommé,
au désir de l'ordonnance, de se trouver et être
présent à la visite, ainsi qu'il est constaté par
l'original de la sommation jointe à la requête,
n'a comparu, ni personne pour lui, quoiqu'attendu jusqu'à   heure

J'ai examiné ce cheval dans le repos, immédiatement après l'exercice, et pendant l'action de manger l'avoine; j'ai reconnu qu'il avait le mouvement du flanc irrégulier et entrecoupé par le contre-temps ou l'espèce de soubressaut qui constitue la pousse, qui est un des vices rédhibitoires. Pourquoi j'estime, aux termes des articles 1641 et 1648 du Code civil, que le sieur H   doit être autorisé à former sa demande en rescision de ce marché, et en restitution du prix qu'il a payé pour icelui, avec les intérêts, frais et dépens, contre son vendeur. En foi de tout ce que dessus j'ai rédigé le présent procès-verbal pour servir et valoir ce que de droit. Fait à   , le

(Faire enregistrer, après l'avoir fait affirmer par le juge.)

Demande à fin d'entérinement du rapport.

(Art. 29 du tarif.)

L'an   le   à la requête du sieur H.   (énoncer la profession, la patente, domicile, élection). J'ai   huissier, etc. soussigné, donné assignation au sieur V   , marchand de chevaux, demeurant à   en son domicile, parlant à
A comparaître le   heure d
à l'audience et pardevant Messieurs les président et juges du Tribunal de commerce, séant à   , au Palais de Justice, rue

pour et attendu que le cheval vendu par le sieur
V   au sieur H   est attaqué de la
pousse, ainsi qu'il est constaté par le procès-
verbal de M.   , vétérinaire, commis à
cet effet, en date du   , dûment enregistré le   dudit mois, et dont est, avec
ces présentes, donné copie; attendu qu'aux
termes des articles 1641 et 1648 du Code civil,
il y a lieu à l'action en rescision de la vente, laquelle a été intentée dans le délai de la loi; **voir
dire** et ordonner que le procès-verbal de **M.**
en date du   , sera entériné, et en conséquence que la vente faite par le sieur **V**
au sieur **H**   d'un cheval âgé de
taille   , moyennant la somme de
payée comptant, sera et demeurera résiliée; en
conséquence le susnommé sera condamné, et
par corps, à rendre et restituer au demandeur
la somme de   pour le prix de la vente;
comme aussi à payer et rembourser audit demandeur les frais de nourriture, logement et
garde dudit cheval, ensemble les intérêts desdites sommes, à compter de la vente ou livraison, et qu'il sera en outre condamné à payer au
demandeur (*indiquer la somme*), à titre de dommages-intérêts, et les dépens dans lesquels entreront ceux de l'expertise.

On peut conclure aussi :

Enfin que le susnommé sera tenu de reprendre
ledit cheval en satisfaisant aux condamnations
prononcées contre lui; sinon et faute de ce faire,

voir dire et ordonner par le même jugement et
sans qu'il en soit besoin d'autre, que le demandeur sera et demeurera autorisé à faire procéder,
aux risques, périls et fortune du sieur V   ,
à la vente dudit cheval au marché aux chevaux,
un jour de marché, après une seule annonce
dans un des journaux du département, pour le
prix à provenir de ladite vente venir en déduc-
tion des sommes dues au demandeur, etc.

Et j'ai au sieur V   , à domicile, parlant comme il est dit, délivré et laissé copie dudit procès-verbal et du présent. (Extrait du *For-
mulaire général*, par Péchart et Cardon.)

§ II.

*Autre vice rédhibitoire ; cheval atteint d'une péri-
pneumonie chronique dont il est mort.*

Requête aux fins de nommer un expert pour
rendre compte de la maladie du cheval et de la
mort qui s'en est suivie.

A monsieur le président du tribunal d   ,
(ou à monsieur le juge de paix d   ).
(cela dépens des lieux où résident les parties).

Le sieur L   (nom, prénoms, profession
et domicile) a l'honneur d'exposer que le
à   il a acheté du sieur F   demeurant
à   un cheval à tous crins alzan
cerise, âgé d   ans, taille de   moyennant la somme de   fr. payée comptant;

Que ce cheval s'est trouvé après quelques
jours de l'achat, attaqué d'une maladie qui l'a
fait mourir presque subitement.

Pour quoi l'exposant demande qu'il vous plaise, Monsieur, nommer un expert vétérinaire, à l'effet de visiter ledit cheval, le faire ouvrir et s'assurer qu'elle était la nature de sa maladie, si elle est produite par un vice rédhibitoire et antérieure à la vente, et ce en présence de qui il vous plaira désigner et du vendeur ou lui dument appelé, pour du tout dresser procès-verbal, sur le vice duquel il sera ensuite statué ce que de droit, et vous ferez justice.

Présenté le

  (Signature de l'exposant, d'un avoué ou d'un agréé)

Ordonnance.

Vu la requête ci-dessus, nous commettons le sieur   artiste vétérinaire, domicilié à   , à l'effet de procéder à l'ouverture du cadavre du cheval dont il s'agit, afin de reconnaître s'il est possible les véritables causes de sa mort, la nature de sa maladie, l'époque à laquelle elle a pu ou dû prendre naissance ; de tout quoi ledit sieur (que nous dispensons du serment préalable), dressera procès-verbal, qu'il affirmera en nos mains, pour valoir et servir ce que de raison.

Et attendu l'impossibilité où nous nous trouvons (à cause), d'être présent à l'opération du sieur   , disons que ladite opération sera faite en présence du sieur   (maire ou adjoint, commissaire de police ou garde champêtre de ladite commune, que nous chargeons d'y assister en notre lieu et place.

Donné à   le

(Faire enregistrer l'ordonnance).

Signification des requête et ordonnance au vendeur, avec sommation d'être présent aux opérations.

L'an   le   à la requête du sieur L   (nom, prénoms, profession et élection de domicile), j'ai   (immatricule de l'huissier) soussigné, signifié, et avec ces présentes donné copie au sieur F   demeurant à   en son domicice, en parlant à
de la requête présentée par le requérant à monsieur   du tribunal de   et de l'ordonnance par lui rendue le   dûment enregistrée ; laquelle ordonnance nomme le sieur   artiste vétérinaire, à l'effet de procéder à la visite d'un cheval à tous crins alzan cerise, vendu par ledit sieur F.   au requérant et à l'ouverture dudit cheval pour constater la nature de la maladie avant la mort, et du tout dresser procès-verbal ; à ce que du contenu auxdites requête et ordonnance le sieur F n'ignore, et, en vertu de ladite ordonnance, à pareilles requête, demeure et élection de domicile que dessus, j'ai, huissier susdit et soussigné, fait sommation au sieur F   en son domicile, parlant comme dit est, de comparaître et se trouver le   du mois   heures de   en la demeure du sieur

(au lieu désigné et indiqué) à l'effet d'être présent, si bon lui semble à l'ouverture du cheval dont il s'agit et à la visite pour connaître les causes de la maladie avant sa mort, et au procès-verbal qui sera dressé par le sieur   artiste vétérinaire; déclarant audit sieur F

que, faute de comparaître, il sera contre lui donné défaut, et procédé auxdites opérations par ledit expert, tant en absence que présence ; et, en outre, déclare ledit sieur L   qu'il se pourvoira contre le sieur F   de la manière et ainsi qu'il appartiendra, faisant à cet égard toutes réserves et protestations de droit, et même de répéter toutes pertes, dépens, dommages et intérêts, à ce que du tout ledit sieur F   pareillement n'ignore, et je lui ai, etc.

Procès-verbal de l'expert vétérinaire.

Je soussigné   expert vétérinaire, demeurant à   requis et nommé d'office par monsieur   à l'effet de visiter un cheval mort d'une maladie soupçonnée rédhibitoire, chez le sieur   à   ; lequel cheval il avait acheté le   du sieur   ; pour prendre les renseignemens nécessaires de ceux qui l'avaient traité pendant sa maladie, en faire l'ouverture cadavérique pour reconnaître le genre de maladie qui avait occasioné la mort, et du tout dresser procès-verbal,

Ce jourd'hui   heure d   au désir de ladite ordonnance, nous nous sommes

présenté (au lieu indiqué) chez le sieur L
dans l'écurie duquel j'ai trouvé un cheval mort
récemment; lequel sieur L   m'a déclaré
et assuré être celui ci-dessus énoncé et dont
voici le signalement : cheval entier à tous crins,
alzan cerise, âgé de   taille d   l'avoir
acheté le   du sieur F   et auquel il
l'a payé comptant la somme de   ; lequel
sieur F   , sommé au désir de l'ordonnance de se trouver et être présent à la visite,
ainsi qu'il est constaté par l'original de la sommation jointe à la requête, n'a comparu, ni personne pour lui, quoique attendu jusqu'à
heures.

Le sieur   maréchal ferrant à
est intervenu sur le lieu, et m'a déclaré que depuis le   il a soigné le cheval; l'ayant
cru affecté d'une maladie de poitrine, il lui avait
administré les breuvages et lavemens convenables. Ayant ensuite procédé à l'ouverture cadavérique, j'ai remarqué à l'ouverture de l'abdomen
(bas-ventre) que les replis du péritoine qui avoi-
sinent le foie étaient épaissis et infiltrés d'humeur
couleur jaunâtre; le foie était beaucoup plus vo-
lumineux que dans l'état naturel et regorgé le sang
noir, sa substance se déchirant facilement; tous
les autres viscères de cette cavité étaient dans leur
état naturel, à l'ouverture du thorax (la poitrine);
cette cavité était aux trois quarts remplie d'une
humeur liquide de couleur jaunâtre, d'une odeur
putride, dans laquelle nageaient des portions
détachées et désorganisées de la plèvre; cette

membrane, dans toute son étendue, était épaissie, infiltrée d'humeur jaunâtre, il y avait adhérence en différens endroits de la plèvre pulmonaire à la plèvre certale; dans l'intérieur de la substance pulmonaire et vers l'extrémité de bronches, j'ai remarqué quatre foyers purulens peu considérables; tous ces symptômes réunis me firent reconnaître l'existence d'une péripneumonie chronique, dont les causes étaient ancienne et devaient exister antérieurement à la vente, et d'après les articles 1641, 1643 et 1647 du Code civil, font rentrer cette maladie dans les cas rédhibitoires.

En foi de quoi j'ai rédigé le présent procès-verbal pour valoir ce que de droit à   les jour et au susdits, et ont les sieurs signé avec moi.

Affirmation de ce procès-verbal.

Ce jourd'hui   heure d   devant nous   s'est présenté le sieur artiste vétérinaire, commis par nous suivant notre ordonnance en date du   à l'effet de procéder à l'ouverture d'un cheval mort, ce jourd'hui chez le sieur   et de dresser procès-verbal de cette opération.

Lequel sieur   a affirmé en nos mains la vérité et sincérité de tous les faits contenus au procès-verbal ci-dessus, de laquelle affirmation le sieur   a requis acte, que nous lui avons accordé pour servir et valoir ce que

de droit, et ledit sieur   a signé avec nous
après lecture, à   les jour et an susdits.

Demande à fin d'entérinement du rapport.

L'an   le   à la requête du sieur
L   demeurant à   (faire élection de domicile;   .

J'ai   (immatricule de l'huissier) soussigné, donné assignation au sieur F
demeurant à   en son domicile, en parlant à   à comparaître le
heures de   à l'audience   -parde-
vant (indiquer devant quel juge, le lieu de
séance, etc.

Pour et attendu que le cheval vendu par le
sieur F   au sieur L   est
mort étant atteint de maladie antérieurement à
la vente, ce qui est constaté par le procès-verbal
de l'artiste vétérinaire à ce commis, en date
du   affirmé, dûment enregistré le   et
dont est, avec ces présentes, donné copie; attendu
que le cheval est le même que celui vendu, voir
dire que le marché sera considéré non avenu,
le cheval étant mort d'une péripneumonie chronique antérieure à la vente; qu'aux termes
des articles 1641, 1643 et 1647 du Code civil, il
y a lieu à l'action en rescision de la vente, laquelle
a été intentée dans le delai de la loi; voir dire et
ordonner que le procès-verbal de sieur
en date du   , sera entériné, et en
conséquence que la perte du cheval vendu par
le sieur F   au sieur L   doit être supportée par le sieur F   et qu'il doit répéter le

prix de la vente ; en conséquence le sieur F
sera condamné, et par corps , à rendre et restituer au demandeur la somme de   fr. pour le
prix de la vente dudit cheval , qu'il a touchée
comptant au moment de la livraison; 2° les frais
de fourrière et nourriture depuis le jour de la
vente jusqu'à celui de la mort du cheval, à raison
de   f. par jour ; 3° l'intérêt de cette somme à
compter du jour de la vente; 4° plus, aux dépens,
dans lesquels entreront les frais de requête,
procès-verbal de l'artiste vétérinaire et ceux de
droit, sous les réserves de plus amples conclusions, le cas échéant, même à titre de dommages-
intérêts.

Et j'ai au sieur F   à domicile , parlant
comme il est dit , laissé copie dudit procès-verbal et du présent.

Nota. Lorsqu'on agit contre un marchand, il est
justiciable du tribunal de commerce ; les poursuites étant dirigées par un marchand, si l'individu que l'on cite n'est pas marchand, il faut le
citer en conciliation si la somme excède cent
francs; dans ce cas, c'est l'huissier du juge de
paix qui fait la citation, aux termes de l'art . 52
du Code de procédure civile. Tout autre huissier
peut immédiatement continuer la procédure.
La citation en conciliation doit être rédigée sur
le dernier modèle, en commençant ainsi .....
(Même préambule, etc.), à comparaître le
en l'audience et par-devant M. le juge de paix de
la ville de   en conciliation, au lieu

ordinaire de ses séances sis audit lieu, rue
                        pour se concilier si faire se peut
avec le requérant sur la demande qu'il entend
former en justice contre le sieur F
tendant à faire dire et juger. Vu ce qui résulte
de la requête présentée par le requérant le
souscrite de l'ordonnance de monsieur
en date du   , enregistrée le   , vu le procès-verbal du sieur   , artiste vétérinaire,
demeurant à   , commis à l'effet de visiter le cheval dont va être question ; attendu
qu'il résulte des explications faites à ce procès-
verbal par le sieur F   , sur la sommation
qui lui a été adressée le   , par exploit du
ministère de   , huissier, que le sieur F
a vendu et livré au requérant, le   , à la foire
de   , un cheval à tous crins, poil   ,
âgé de   , taille de   , lequel
cheval est mort étant atteint de maladie antérieurement à la vente, ce qui est constaté par le
procès-verbal de l'artiste vétérinaire à ce commis ;
attendu que le cheval est le même que celui
vendu ; voir dire, etc. (continuer les conclusions
de l'exploit comme au précédent), à défaut de
conciliation citer en jugement à comparaître à
la huitaine de la loi devant le tribunal civil.

§ III.

Cheval attaqué de la morve, etc.

A Monsieur le président du tribunal de commerce de   (ou à monsieur   ),

Le sieur   (nom, profession, etc.), a l'honneur d'exposer qu'il a acheté du sieur   , etc., un cheval (le désigner); que depuis la vente il lui a paru, après l'avoir examiné, attaqué de la maladie de la morve (ou toute autre maladie contagieuse),   attendu qu' (signes de la maladie);   pour quoi il demande que le cheval soit examiné par un expert vétérinaire qu'il vous plaira nommer, pour en faire la visite, et sur son avis le cheval soit séquestré et déposé   (désigner le lieu),   pour être ultérieurement ordonné ce qu'il appartiendra.

Présenté à   , le

(Signature de l'exposant.)

(Le juge rend son ordonnance selon les faits ; après son enregistrement, elle se signifie avec la requête au vendeur d'être présent à la visite du cheval : observer les mêmes formalités que celles précédentes.)

Procès-verbal de l'artiste vétérinaire.

Je soussigné, etc.,   vétérinaire à   , y demeurant, expert nommé d'office par ordonnance de monsieur   , en date du   (comme au précédent).

Après avoir prêté le serment prescrit par la loi de procéder et faire le rapport en mon honneur et conscience, ayant examiné le cheval dont il s'agit, j'ai reconnu (1)

(1) *Ou bien :* Ce qui caractérise les symptômes de la maladie de la morve, mais que les progrès n'en sont pas au point de ne pouvoir être soumis à un traitement, et que la maladie, dans son état actuel, n'est pas incurable; pour quoi

ce qui caractérise la maladie de la morve, dont les progrès ont été tels sur ledit cheval, qu'elle est absolument incurable; pour quoi il est d'avis que le cheval doit être livré à l'écarrisseur pour être abattu avec les formalités usitées en pareil cas. Et a ledit expert signé le présent rapport, dont il affirme la vérité.

Nota. Par suite du rapport et les formalités prescrites, faire ordonner que le cheval sera abattu, ou faire ordonner que le vendeur sera tenu de le reprendre et d'en restituer le prix. (Prendre les conclusions suivant les faits constatés.)

§ IV.

Chevaux attaqués de la morve, amenés au marché. — Procès-verbal du commissaire de police (sur papier libre).

L'an   , le   , heure de   , devant nous   , commissaire de police à   , étant de service au marché aux chevaux, s'est présenté le sieur   , expert vétérinaire de la préfecture de police, demeurant rue   , n°   , et chargé de la visite des chevaux amenés au marché, lequel nous a dit qu'en exerçant ses fonctions dans ledit marché, il vient de remarquer (où était le

j'estime que le cheval n'étant que suspect de la maladie, et étant susceptible de guérison, peut être remis à son propriétaire, pour le faire soigner et traiter isolément, sans pouvoir communiquer avec aucun autre animal et à la charge de le représenter à toute réquisition jusqu'à décision à intervenir, et a ledit S...., expert, signé le présent rapport, dont il affirme la vérité, après lecture faite.

cheval et autres circonstances) un cheval qui lui a paru, après l'avoir examiné, attaqué de la maladie de la morve (ou de toute autre maladie contagieuse), attendu qu'   (signe de la maladie); pour quoi il a cru devoir faire amener devant nous ledit cheval, avec la personne qui le réclame, pour être par nous ordonné ce qu'il appartiendra.

Ledit cheval étant, ainsi que nous l'avons reconnu ´(signalement du cheval), et a signé après lecture faite.

De suite s'est présenté un particulier qui a dit se nommer   , demeurant à   , que le cheval dont s'agit et ici présent ne lui appartient pas; qu'il lui a été confié, pour le vendre au marché, par le sieur   , demeurant à   , qui en est propriétaire; qu'il ignore si ledit cheval est attaqué d'une maladie contagieuse; qu'au surplus il requiert, pour l'intérêt du sieur   , qu'il soit examiné de nouveau par l'expert vétérinaire du marché aux chevaux, conjointement avec le sieur   , demeurant à   , que le comparant nomme pour l'expert dudit sieur   et que, quel que soit leur avis, le cheval soit séquestré et déposé en tel lieu qui sera ordonné jusqu'à ce que le sieur   soit instruit de ce qui se passe et soit entendu. Et a ledit sieur signé après lecture faite.

Ou bien : qu'il est propriétaire du cheval dont s'agit et ici présent; qu'il l'a acheté du sieur (époque de l'achat), contre lequel il se réserve son recours dans le cas où ledit cheval serait reconnu atteint de maladie contagieuse ; qu'au surplus il demande un nouvel examen par experts, et qu'il nomme pour son expert le sieur   , et a signé après lecture faite.

Et a ledit sieur   , expert nommé par le sieur   , étant intervenu et nous ayant justifié de sa qualité d'expert vétérinaire, nous lui avons donné connaissance des faits, et il s'est de suite réuni au sieur   , expert du marché aux chevaux, et ils ont tous deux prêté en nos mains le serment prescrit par la loi , de procéder et faire leur rapport en leur honneur et conscience. Ayant ensuite examiné le cheval dont s'agit, ils nous ont déclaré unanimement qu'ils lui ont reconnu   , ce qui caractérise la maladie de la morve, dont les progrès ont été tels sur ledit animal, qu'elle est absolument incurable ; pour quoi ils sont d'avis que le cheval doit être livre à l'écarrisseur, pour être abattu avec les formalités usitées en pareil cas. Et ont lesdits experts signé le présent rapport, dont ils ont affirmé la vérité après lecture faite.

Ou bien : Ce qui caractérise les symptômes de la maladie de la morve ; mais que les progrès n'en sont pas au point de ne pouvoir être soumis à un traitement, et que la maladie, dans son état actuel, n'est pas incurable ; pour quoi ils estiment que le cheval n'étant que suspect de la maladie et étant susceptible de guérison, peut être remis à son propriétaire pour le faire soigner et traiter isolément, et à la charge de le représenter à toute réquisition. Et ont lesdits ex-

perts signé le présent rapport, dont ils ont affirmé la vérité après lecture faite.

Ou bien (si les experts sont partagés d'avis):
Ayant ensuite examiné le cheval dont s'agit, ils
nous ont déclaré, savoir :

Le sieur   qu'   (son rapport et son
avis)   , et a signé.

Le sieur   qu'   *id.*   *id.*

Attendu laquelle différence d'avis, nous avons
nommé pour tiers expert le sieur   , qui,
après avoir prêté en nos mains le serment voulu
par la loi, et après avoir examiné le cheval dont
s'agit, et en avoir conféré avec les deux experts
susnommés, nous a dit (son rapport et son avis),
et a signé après lecture faite.

Sur quoi nous, commissaire de police susdit :

1° Si le cheval doit être abattu : Avons livré
le cheval dont s'agit au sieur   , écarrisseur, demeurant   , pour être abattu à la
voirie de   ; les chairs enfouies et la peau
tailladée ; ce dont il nous sera justifié dans les
vingt-quatre heures. A l'égard des harnais dont
était vêtu ledit cheval, les avons fait déposer
dans l'endroit à ce destiné, pour être ultérieurement brûlés ;

2° Dans les autres cas ci-dessus : Avons posé
sur le front du cheval dont s'agit, et pour signe
de reconnaissance, notre sceau en cire rouge, et
l'avons provisoirement fait déposer (indiquer
l'endroit), pour y être nourri, soigné et traité
aux frais du sieur   , son propriétaire,
sans pouvoir communiquer avec aucun autre

animal, et à la charge par le sieur   de le représenter à toute réquisition; le tout jusqu'à la décision à intervenir de M. le préfet de police, à qui il en sera référé, et le présent transmis sans délai, conformément à son ordonnance du 3 décembre 1816;

Dire ensuite, dans tous les cas : Et attendu, 1° qu'il est défendu d'amener et d'exposer au marché des chevaux attaqués de maladie contagieuse, à peine de 500 fr. d'amende, aux termes de l'art. 7 de l'arrêt du conseil du 16 juillet 1784, non abrogé, maintenu au contraire implicitement par l'article 484 du Code pénal, et rappelé dans l'ordonnance de M. le préfet de police du 3 décembre 1816; 2° Qu'aux termes de l'article 1er du même arrêt, et de l'article 459 du Code pénal, toute personne qui a dans ses écuries des chevaux suspects de maladie contagieuse, doit en faire sa déclaration à l'officier de police de son domicile, à peine de six jours à deux mois d'emprisonnement, et d'une amende de 16 à 200 fr., déclaration qui n'a point été faite par le sieur   , propriétaire du cheval dont s'agit; avons rédigé le présent procès-verbal, pour y être donné, par voie de police correctionnelle, telles suites qu'il appartiendra. Et avons signé.

Nota. Le modèle ci-dessus peut servir de guide dans le cas de visites faites par les experts vétérinaires nommés par la police, dans les écuries des maîtres de voitures publiques; le procès-verbal commence par la déclaration de l'expert, qu'il a trouvé un cheval morveux dans les écuries du sieur   ; sur cette déclaration, le commissaire de police se transporte sur les lieux, et procède, à peu de choses près, comme il est dit ci-dessus. (*Dictionnaire de police moderne*, par M. Alletz, tom. 4, p. 233.)

Bœuf mort dans les neuf jours de la garantie de la vente. — Procès - verbal du commissaire de police (sur papier timbré et soumis à l'enregistrement).

L'an   , le   , heure d   , devant nous   s'est présenté le sieur   , marchand boucher en étal, rue   , n°   , lequel nous a dit que le   , il a acheté sur le marché de   , du sieur   , marchand de bœufs, que le déclarant a également acheté un bœuf dudit sieur   . , lequel bœuf lui a été vendu la somme de   ; que ledit bœuf est arrivé le   à   heure de   à l'abattoir d   , où le déclarant l'a fait placer dans la bouverie; qu'aujourd'hui à   heure d   ledit bœuf a été trouvé mort dans la bouverie dudit abattoir; que le déclarant ayant intérêt, pour raison de sa garantie vis-à-vis de son vendeur, de faire constater le fait et les causes de la mort, il requiert à cet effet notre transport sur les lieux;

A quoi obtempérant et en exécution de l'article 15 de l'ordonnance de M. le préfet de police, du 30 ventôse an XI (21 mars 1803), nous nous sommes de suite transporté en la bouverie

du sieur   , située à l'abattoir d
étant, s'est présenté le sieur   , inspecteur
de la boucherie, assermenté en justice, demeurant   , requis par ledit sieur (le boucher)   , pour être présent à notre opération ;
avons trouvé dans ladite bouverie, étendu sur la
litière et mort, un bœuf que nous avons reconnu
et constaté être sous poil   , etc. (signalement), marqué (indiquer la nature des marques et les endroits où elles sont placées);   pouvant peser environ   kilogrammes, ainsi
que nous l'a dit ledit sieur   (l'inspecteur).

De suite, avons fait charger ledit bœuf sur une
charrette, pour être conduit et livré au Muséum
du Jardin-du-Roi, pour la nourriture des animaux de la Ménagerie royale, où nous étant
transporté avec ledit sieur (l'inspecteur), et
ledit sieur (le boucher), et le bœuf ayant été
ouvert en notre présence et en présence desdits
sieurs   , par le ministère du sieur (nom,
qualités et demeure), il a été reconnu (détail
de la maladie et des causes de la mort) toutes
lesquelles circonstances étaient plus que suffisantes pour occasioner la mort dudit animal.

Il est résulté dudit bœuf   kilogrammes de
suif, que ledit sieur (l'inspecteur) a estimé à
     le demi-kilogramme, et   kilogrammes
de cuir, que ledit sieur   a estimé à
le demi-kilogramme ; lesquels objets ont été remis audit sieur (le boucher), ainsi qu'il le reconnaît, pour valoir à qui de droit ;

Les frais de la présente opération se sont élevés à la somme de   savoir : (détail des frais);

Et pour le coût du présent, y compris les droits de timbre, d'enregistrement et d'expédition.

Tous lesquels frais ont été acquittés par ledit sieur (le boucher), sauf son remboursement par qui de droit.

De tout ce que dessus avons rédigé le présent procès-verbal, auquel nous avons vaqué depuis ladite heure de   jusqu'à celle de
par vacation; lecture eu ayant été faite aux ci-dessus dénommés, ils ont déclaré y reconnaître vérité, chacun en ce qui le concerne. En a été requis acte par ledit sieur (le boucher), pour lui servir et valoir à exercer son recours contre qui il appartiendra, pour la restitution du prix d'achat dudit bœuf et le remboursement de tous frais, conformément aux lettres-patentes du 1er juin 1782; ce que nous lui avons octroyé. Et ont signé avec nous.

CHAPITRE XI.

DEMANDES RÉDHIBITOIRES.

CHAPITRE XI.

—

DEMANDES RHÉDIBITOIRES.

Demandes rédhibitoires, formalités à observer, ou modèles d'actes pour les actions rédhibitoires dans les délais fixés de la loi du 20 mai 1838. (Art. 1, 3, 4, 5 et 7 de cette loi.)

Requête tendant à faire nommer un ou trois experts pour la constatation, s'il y a lieu, du vice indiqué.

A M. le juge de paix de la ville   , section ou du canton d   , arrondissement d
(il convient que ce soit le juge où se trouve l'animal atteint du vice).

Le sieur G......, propriétaire, demeurant à,   requiert, qu'il vous plaise, M. le juge de paix, nommer des experts vétérinaires, à l'effet de procéder à la visite, et constater l'état dans lequel se trouve un cheval sous poil   à tous crins, de l'âge de   , taille de   , mètres   centimètres, moyennant la somme de   , payée comptant, lequel cheval paraît atteint ou attaqué de   vices rédhibitoires.
Pour quoi l'exposant demande qu'il vous plaise, M. le juge de paix, nommer un ou trois experts

suivant l'exigence des cas, à l'effet de visiter et examiner ledit cheval, et constater son état, et notamment les vices rédhibitoires dont il peut être atteint, pour de ladite visite être rédigé procès-verbal pour valoir ce que de raison, et être ultérieurement statué ce qu'il appartiendra, le tout en présence du vendeur ou lui dûment appelé, l'exposant attend justice de sa demande.

Présenté à   , le   , an

(Signature de l'exposant ou d'un fondé de pouvoir.)

Le juge de paix du lieu où se trouve l'animal rend au bas de la requête l'ordonnance.

Vu la présente requête, et sans préjudicier aux droits des parties, nous nommons les sieurs   , demeurant à   , à l'effet de procéder à la visite du cheval dont s'agit et de constater les vices et maladies dont il pourrait être atteint, en présence du vendeur   , ou lui dûment appelé ; lesquels experts dresseront du tout procès-verbal, pour servir ce que de droit.

Donné à   , le   , an

(Signature du juge-de-paix.)

Faire enregistrer cette ordonnance avant de la signifier.

Signification des requête et ordonnance au vendeur.

L'an   , le   , à la requête du sieur J. G.   , propriétaire, demeurant à lequel fait élection de domicile en sa demeure.

J'ai   (immatricule de l'huissier), soussigné, signifié, et avec ces présentes, donné copie au sieur J. O.   , cultivateur, demeurant à   en son domicile, en parlant à   , de la requête présentée par le requérant (ou par un fondé de pouvoir enregistré) à M. le juge de paix de la ville de   , section   , ou canton de   et de l'ordonnance par lui rendue le   dûment enregistrée; laquelle ordonnance nomme experts (les désigner) à l'effet de procéder à la visite d'un cheval vendu par le sieur J. O.   au requérant, de constater les vices et maladies dont il est atteint, et dresser procès-verbal, à ce que du contenu auxdites requête et ordonnance, le sieur O n'ignore, et en vertu de ladite ordonnance à pareille requête, demeure et élection de domicile que dessus, j'ai, huissier susdit et soussigné, fait sommation audit sieur O   , en son domicile parlant comme dit est, de comparaître et se trouver le   de ce mois   , heure d
(indiquer le lieu où est déposé l'animal), à l'effet d'être présent, si bon lui semble, à la visite du cheval désigné à la requête, ainsi qu'au procès-verbal qui sera rédigé par les experts nommés en ladite ordonnance, pour y faire des dires et observations qu'il croira convenables, déclarant audit sieur O...., que, faute de comparaître, il sera contre lui donné défaut, et procédé auxdites opérations par lesdits experts, tant en absence que présence; et, en outre, déclare

ledit sieur J. G...., qu'il se pourvoira par les voies de droit, pour la rescision de la vente et en remboursement du prix qui a été payé comptant, et même de faire répéter toutes pertes, dépens, dommages-intérêts, à ce que du tout le sieur O.... pareillement n'ignore, et je lui ai délivré, à domicile, et parlant comme ci-dessus, les actes relatés.

Procès-verbal des experts dans le plus bref délai.
(Art. 5, loi du 25 mai 1838.)

Nous soussignés (noms, prénoms, qualités et demeures), experts nommés d'office par ordonnance de M. le juge de paix de la ville ou du canton d   , arrondissement d   , en date du   , étant au bas d'une requête à lui présentée par le sieur   (ou son fondé de pouvoir), à l'effet de visiter le cheval qui y est désigné, et de constater les vices rédhibitoires dont il est atteint, entendre les dires et observations des parties et en rédiger procès-verbal.

Nous avons visité aujourd'hui   , heure du matin, un cheval sous poil d   , taille de   mètres   centimètres, mesuré sous potence, âgé de   (signalement de l'animal), que le sieur   nous a présenté et déclaré être celui faisant l'objet de sa requête et l'avoir acheté le   , à   , du sieur   , et auquel il a payé comptant la somme de   ; lequel sieur   est sommé, en conformité de ladite ordonnance, ainsi qu'il est constaté par l'original de la sommation jointe à la requête, n'a comparu, ni personne pour lui, quoique attendu jusqu'à   heures.

(Ou bien le **sieur**   a comparu, ou s'est fait représenter par le sieur   en vertu d'un pouvoir sous seing, en date du   , légalisé et enregistré le   ) dires du vendeur, après avoir visité et examiné le cheval, nous avons reconnu (exposé des observations des experts ou symptômes reconnus), pour quoi nous estimons ; aux articles de lois, que le sieur   doit être autorisé à former sa demande en rescision de ce marché, et en restitution du prix qu'il a payé pour le cheval avec les intérêts, frais et dépens, contre son vendeur. En foi de quoi nous avons rédigé le présent procès-verbal pour valoir ce que de droit; fait à   , le   , l'an et jour susdits.

(Les parties peuvent faire des dires et observations au procès-verbal qu'elles croiront convenables dans leurs intérêts.) Avoir soin de mettre le signalement de l'animal qui doit être très-exact quand le vendeur est absent.

Citation devant le juge de paix.

(Voir au mot compétence.)

L'an   , le   , à la requête du sieur   propriétaire, demeurant à   , lequel élit domicile en sa demeure, j'ai (huissier immatriculé) soussigné, signifié, et avec ces présentes ai donné copie au sieur   , demeurant à   , en son domicile, distant de   myria-mètres   kilomètres où j'ai été et parlé à   d'un procès-verbal rédigé par les sieurs   nommés experts, en date du   , enregistré le   ; lesquels experts avaient été nommés précédemment par ordonnance de M. le juge de paix de   , enregistrée, signifiée avec la requête audit sieur   , suivant exploit de mon ministère en date du   , à ce que du contenu audit procès-verbal d'experts dûment en-registré, et dont est avec ces présentes donné copie ; et à pareille requête, demeure et élection que dessus ; j'ai, huissier susdit et soussigné, fait citation audit sieur   , à comparaître le   de ce mois,   heures du matin, en l'audience, et par devant M. le juge de paix de la ville de   , section d   ou canton de   , au lieu ordinaire tenant à   sis rue   ; pour et attendu que le cheval vendu par ledit sieur   au sieur   , est attaqué de   , ainsi qu'il est constaté par le procès-verbal dont copie précède ; attendu qu'aux termes de la loi, il y a lieu à l'action en rescision de la vente, laquelle a été intentée dans le délai de la loi ; voir dire et ordonner que le pro-cès-verbal des experts, en date du   , sera entériné, et en conséquence que la vente faite par lesieur   au sieur   , d'un cheval âgé de   , taille de   , moyennant la somme de   payée comptant, sera et demeurera résiliée ; en conséquence, le susnommé sera condamné à rendre et restituer au demandeur la somme de   pour le prix de la vente ; comme aussi à payer et rembourser audit demandeur les frais de nourriture, logement et garde dudit cheval, ensemble les intérêts desdites sommes, à compter de la vente et livraison, et qu'il sera en outre condamné à payer au demandeur (désigner la somme), à titre de dommages-intérêts, et les dépens dans lesquels entreront ceux de l'expertise, et en parlant comme il est ci-devant dit, domicile indiqué ci-dessus, laisse et délivre les actes sus-relatés, afin qu'il n'ignore ; le coût est de   fr.   cent.

Enregistré à   , le   , an   ;

reçu

TABLE

GÉNÉRALE ET ANALYTIQUE

DES MATIÈRES.

—

DEUXIÈME PARTIE.

CHAPITRE IV.

TROISIÈME PARTIE.

CHAPITRE V.

Jurisprudence des tribunaux, des cours royales et de la Cour de cassation, concernant les vices rédhibitoires.

vente pour vices rédhibitoires court du jour
de la vente, et non pas seulement du jour de
la délivrance, lorsque la vente a eu lieu en
foire, si la délivrance n'a été retardée que
par suite d'une convention entre les parties;
du moins il n'y a pas lieu à casser le jugement qui le décide ainsi par appréciation
des circonstances de la cause (Code civil,
art. 1648. Cour de cass., 17 mars 1829. Sirey, t. 29, 1re partie, p. 139).   166

Vice rédhibitoire. — Délai. — L'obligation
d'intenter dans un bref délai, suivant l'usage
des lieux, l'action en résiliation de la vente,
pour vices rédhibitoires, cesse-t-elle d'être
applicable au cas où, lors de la vente, le
vendeur s'est soumis expressément à cette
action par une convention particulière ?

L'action rédhibitoire est recevable, quoiqu'elle
n'ait été intentée qu'après le délai fixé par
l'usage des lieux, si avant l'expiration de
ce délai l'acquéreur a fait constater le vice
rédhibitoire par des gens de l'art, et l'a
dénoncé au vendeur (Code civil, art. 1648.
12 mars 1831, Cour royale de Bourges,
2e chambre. Sirey, t. 32, 2e partie, p. 94).   170

(Usage, délais.) Une commune placée autrefois
dans le ressort d'un parlement où l'usage
avait fixé à neuf jours le délai dans lequel
devaient être intentées les actions rédhibi-

CHAPITRE VI.

De la compétence.

Pour les ventes et achats de chevaux et de
bestiaux, et les contestations relatives aux
vices rédhibitoires, devant quels juges les
actions doivent-elles être intentées? Il y a
trois juridictions; c'est la qualité des parties
et le prix de la vente qui déterminent la
compétence.

QUATRIÈME PARTIE.

DISPOSITIONS LÉGISLATIVES
RELATIVES AUX MALADIES ÉPIDÉMIQUES ET ÉPIZOOTIQUES DES BESTIAUX ET ANIMAUX DOMESTIQUES.

CHAPITRE VII.

CHAPITRE IX.

CHAPITRE X.

PAGES.

FIN DE LA TABLE.